SOUVENIRS

DE LA MARQUISE

DE CRÉQUY

ÉMILE COLIN ET Cie — IMPRIMERIE DE LAGNY

Louis Marie de Bourbon
Duc de Penthièvre.

SOUVENIRS

DE LA MARQUISE

DE CRÉQUY

DE 1710 A 1803

NOUVELLE ÉDITION REVUE, CORRIGÉE ET AUGMENTÉE

TOME SIXIÈME

PARIS

GARNIER FRÈRES, LIBRAIRES ÉDITEURS

6, RUE DES SAINTS-PÈRES

SOUVENIRS

DE LA MARQUISE

DE CRÉQUY.

CHAPITRE PREMIER.

Arrivée de Voltaire à Paris. — Son séjour chez M. de Villette. — Sa maladie. — Son couronnement au Théâtre-Français. — Sa profession de foi catholique. — Sa confession. — Sa correspondance avec le curé de St.-Sulpice. — Son hypocrisie, sa mort et ses funérailles. — Lettre de l'Impératrice Catherine à Mme Denys. — Mot d'une jeune personne sur les rois philosophes. — Histoire de la princesse Charlotte, femme du Czar Alexis. — Sa mort supposée. — Son évasion de Russie. — Sa fuite en Amérique. — Croyance de son retour et de sa mort à Paris. — Autorités et témoignages en faveur de cette opinion. — Note composée par l'Impératrice Catherine pour la démentir. — Critique de cette note. — Documens qui la contredisent. — Incertitude.

On apprit avec étonnement que Voltaire avait obtenu la permission de revenir à Paris, et qu'il allait débarquer dans cette ridicule maison de

Mme de Villette (prétendue Belle-et-Bonne), au coin de la rue de Beaune et du quai des Théatins (1). Il y descendit effectivement, le 10 février 1778 ; et, sans y prendre une minute de repos, il s'achemina sur ses jambes, et se rendit impatiemment chez son bon ami d'Argental, qui demeurait sur le quai d'Orsay, tout auprès de l'ancien hôtel d'Aiguillon, qui est aujourd'hui la maison des coches (2). Il était enveloppé dans une grande pelisse de velours cramoisi galonnée d'or et fourrée de martre, avec un bonnet assorti, ce qui fit que les passans le prirent pour un masque, et que les polissons se mirent à crier sur lui. Voici le bulletin de ses faits et gestes, ainsi que je l'avais écrit pour Mme de Louvois.

Le lendemain matin, dès sept heures, il était sorti de son lit, et recevait déjà des félicitations philosophiques. Il était enveloppé dans sa fourrure, et

---

(1) Il paraît que rien n'est plus étrange et de si mauvais goût que l'ajustement et les distributions de cette petite maison dont tout le monde se raille. Les quatre ou cinq pièces du premier étage ont été sacrifiées pour former un grand salon dont la voûte s'élève jusqu'au grenier, en coupant tout le reste du bâtiment dans sa hauteur et sa largeur. La salle à manger est au deuxième étage ; on y monte par un tortillonnage en bois rustique, et les murs y sont magnifiquement tapissés en papier-verdure, afin d'imiter un berceau de guinguette. L'appartement de M. de Villette est d'une recherche étonnante et d'un ridicule achevé. Il est situé sous les combles, et l'on dit qu'il s'y trouve une ménagerie au milieu d'une petite naumachie. Mme la marquise couche dans une armoire au bout d'un corridor.

(*Note de l'Auteur.*)

(2) A présent l'hôtel des Gardes-du-Corps.

coiffé de nuit, parce qu'il était mourant et qu'il allait se recoucher, disait-il à tout le monde, mais ceci n'en dura pas moins jusqu'à dix heures et demie du soir. Mmes Denys et de Villette étaient établies dans une première pièce dont on usait comme d'une salle d'attente, tandis que MM. d'Argental et de Villette allaient à tour de rôle annoncer les visiteurs, avec un air d'importance et de solennité risible. Il nous fut dit qu'aucune personne de bonne compagnie n'avait osé s'y présenter ce jour-là. Mme de Villette faisait la bonne, et la grosse Mme Denys faisait la belle avec une persistance admirable.

Le jour suivant, grand nombre de personnes envoyèrent demander des nouvelles de M. de Voltaire, attendu qu'il s'était évanoui en apprenant inopinément la mort de M. Lekain. Il avait mis un crêpe autour de son bonnet de nuit, en guise de serre-tête. Il en resta deux ou trois jours inaccessible, et tout-à-fait inconsolable, à ce que disaient ses amis; enfin il reçut une députation des acteurs de la Comédie Française, qui venaient pour le complimenter et pour se lamenter, mais qui le trouvèrent gai comme un pinson. Il se mit à leur parler politique, et à leur lire une lettre du roi de Prusse, qu'il avait reçue nouvellement. — Remarquez bien, Mesdames et Messieurs, leur disait-il, que S. M. pose en principe qu'il ne faut jamais s'emparer du bien d'autrui, et je vous dirai pourtant que ce héros cherche à s'approprier une partie de la succession de feu M. l'Électeur de Bavière; ainsi va le monde; et pour ce qui regarde M. le Comte de Falkenstein, autrement dit l'Empereur Joseph second, je ne serais pas étonné qu'il ne voulût déclarer la guerre aux Turcs, et, par ma foi ! j'en serais bien aise, à cause de l'estime et l'amitié que j'ai pour les Transylvains ! Vous pensez bien que des comédiennes et des comédiens ne comprenaient pas grand' chose à cette affection pour les Battoris et les autres Magnats de Transylvanie.

M. de La Vaupalière, qui n'avait rien de bien grave, était pourtant confondu de la prodigieuse légèreté de ce vieillard, et surtout de son défaut de mesure. — « Je prends mon parti de ne pouvoir
« obtenir la permission d'aller à Versailles, disait-
« il un jour en présence de sept à huit personnes.
« Si le Roi n'avait pas songé qu'il pouvait me
« parler de ma chasse de Ferney, il m'aurait ri au
« nez avec son affabilité ordinaire. La Reine ne
« m'aurait parlé que de mon théâtre; Monsieur
« m'aurait demandé le compte de mes revenus;
« Madame aurait bien voulu me citer un ou deux
« vers de mes tragédies; M. le Comte d'Artois
« m'aurait dit quelque malice, et Mme la Comtesse
« d'Artois ne m'aurait dit rien du tout. Voilà ce
« qui me serait arrivé ; je n'en dirai pas davan-
« tage..... » Et moi je vous dirai que tout ceci fut trouvé prodigieusement insolent !

La dernière fois que Voltaire ait dîné à table chez M. de Villette, il y avait beaucoup de beau monde, et comme il n'aperçut pas devant son couvert un certain gobelet qu'il avait fait graver à ses armes, et qu'il avait apporté de Ferney, — *Où est mon gobelet?* demanda-t-il, en se retournant avec des yeux étincelans du côté d'un grand benêt de

Franc-Comtois qui le servait à table, et qui n'avait pas d'autre emploi dans sa maison. Le domestique se met à balbutier.... — *Ennemi de ton maître*, s'écria-t-il en furie, *je veux mon gobelet! Va-t'en me chercher mon gobelet! Je veux boire dans mon gobelet! ou je ne dînerai pas!* Et voyant que le gobelet ne se trouvait point, il se lève en jetant sa serviette au milieu de la table, et il s'enfuit dans sa chambre où il se renferme à doubles verroux. Mme Denys, M. de Villette et sa marquise, assistés de tous les d'Argental et les Mignot, furent successivement le supplier de vouloir bien redescendre, et tout au moins de leur ouvrir sa porte, mais il ne répondait pas une parole; et comme on imagina qu'il avait pu s'évanouir de colère, on prit le parti d'appliquer une échelle à la fenêtre de son cabinet, et d'y faire monter un certain M. de Villevieille, qui rompit une vitre et tourna l'espagnolette afin d'entrer dans l'appartement.

— C'est vous, mon tout aimable, lui dit Voltaire avec une douceur parfaite; eh bien, puisque vous voilà, causons tranquillement, parlons raison, venez vous asseoir, et dites-moi ce que vous voulez.

— Je viens, au nom de tous vos amis désolés, vous supplier de vouloir bien descendre....

— Mais c'est que je n'ose, mon bon ami, on va se moquer de moi.

— Ne croyez donc pas cela, Monsieur, tout le monde a ses idées possessives, on tient à son verre, à sa plume, à son couteau, rien n'est si naturel!

— Mais peut-être que vous cherchez à m'excuser à mes propres yeux? reprit-il avec un air outragé, — je n'en ai pas besoin; j'ai vu quelque part que le sage Locke était horriblement colère. Allons, descendez le premier, mais faites en sorte que cet exécrable Comtois ne paraisse pas devant moi ; j'en enragerais de fureur et j'en mourrais de chagrin.

Il reparut en faisant une moue d'enfant gâté ; il se rassit à table, et le dîner s'arrangea pour le mieux, après une heure et demie d'interruption.

Il fallait que toutes ces dames invitées par M. de Villette fussent bien parfaitement philosophes pour ne pas se montrer surprises ou choquées de cette algarade impertinente? aussi bien, quand on me demanda si je ne comptais pas aller voir M. de Voltaire, répondis-je assurément que je n'étais pas devenue assez stoïcienne pour affronter patiemment les exigences et les brusqueries d'un vieux écolier; qu'il fallait être une élève du Portique pour ne pas lui rompre en visière, et que rien ne pourrait m'empêcher de le repousser à la place où, pendant plus de soixante ans, j'avais su le maintenir devant moi.

— N'ayez nulle inquiétude à cette occasion-ci, disait M. de Richelieu ; Voltaire a toujours eu de vos moqueries et vos exécutions des frayeurs mortelles; il n'aura garde, et je vous en réponds, de rien dire et rien laisser dire en présence de vous qui vous puisse déplaire ou disconvenir.

— Il a commis des indignités que je ne lui pardonnerai jamais, répliquai-je à tous ces beaux complimens. Il a pris la peine de m'écrire pour me prévenir de son retour, en me disant qu'il serait bien aise de pouvoir tomber aux pieds de LL. MM.; je lui ai répondu (charitablement) qu'à son âge, il avait à s'occuper d'un plus grand voyage que celui de Paris à Versailles. S'il était venu chez moi, comme il en avait l'intention, je l'aurais traité poliment, mais comme il ne sortira plus de chez lui, nous ne nous reverrons pas; je m'en ferais un scrupule, et je ne vous donnerai jamais l'occasion de vous scandaliser de mon indulgence ou mon indifférence pour des impiétés comme celles qu'il a mises au jour. Je vous jure que je ne lui donnerai signe de vie ni d'amitié, et vous verrez que je tiendrai parole.

A la suite de cette contrariété pour un gobelet, M. Tronchin fut appelé par les amis de Voltaire, auxquels il défendit de le laisser sortir de sa chambre, et de lui laisser recevoir qui que ce fût. Mais malgré toute la sollicitude et la prudente réserve de M. de Villette, il se crut obligé de laisser arriver jusqu'à son hôte (qui, pour cette fois, souffrait réellement et cruellement d'une strangurie), madame Necker, accompagnée de M. Francklin, le plénipotentiaire américain, et de M. Balbâtre, l'organiste de Saint-Eustache. On fut enchanté de la vivacité d'esprit et de la recherche qu'il employa pour cajoler et captiver l'illustre épouse de M. le Contrôleur-général des finances, et bien qu'il souffrît d'un grand mal de tête, il voulut absolument flatter l'amour-propre de ce protégé de Mme Necker, c'est-à-dire le joueur de clavecin, auquel il fit exécuter une sonate pendant laquelle il s'endormit profondément.

On apprit, le 20 février, que M. de Voltaire avait

les jambes enflées, et que le docteur Tronchin l'avait envoyé se mettre au lit, en disant que, s'il ne changeait pas de régime, il n'avait pas huit jours à vivre.

On apprit aussi que M. de Voltaire avait été cruellement désappointé de ce que l'Empereur Joseph n'avait pas voulu s'arrêter à Ferney pour y voir ce grand philosophe, et que c'était en exécution de la promesse qu'il en avait faite à l'Impératrice, sa mère, attendu que la digne et judicieuse Marie-Thérèse a toujours regardé Voltaire comme étant le contempteur de la divinité, et par conséquent l'ennemi de l'humanité.

Mme Necker avait permis à son autre acolyte, le docteur Francklin, d'amener avec lui M. son petit-fils, âgé de quatre ans, et par une sorte d'adulation ridicule, il supplia Voltaire de lui donner sa bénédiction. Le patriarche de Ferney, qui n'était pas moins dramaturge que le philosophe américain, se leva d'un air hiérophantique; Il imposa ses deux mains sur la tête de ce petit bon-homme, et se mit à crier à tue-tête avec une voix du diable enrhumé. LIBERTÉ, TOLÉRANCE ET PROBITÉ ! Il faut convenir que le mot probité se trouvait bien placé dans la bouche de Voltaire, et surtout s'il y comprenait la probité historique et scientifique.

Mme du Barry vint prendre place à côté de Mme Necker, qui lui fit des politesses infinies, et M. de Voltaire acheva d'épuiser toutes ses formules de galanterie, de flagorneries et d'adoration. Il ne trouva rien de mieux séant que d'appeler Mme du Barry VOTRE DIVINITÉ, comme on dirait Votre Altesse, et comme aurait pu faire un Grec du Bas-Empire à l'Impératrice et Reine *éternelle*, au palais des Blaquernes, au temps des Cantacuzènes et des Parapinaz.

M. de Maurepas s'aventura jusqu'à parler du vif désir exprimé par cet estimable écrivain, lequel ambitionnait de venir à Versailles, afin de s'y pouvoir trouver sur le passage de S. M. Mais le Roi déclara qu'il n'aimait ni n'estimait M. de Voltaire, et que c'était déjà beaucoup d'indulgence à lui de fermer les yeux sur sa présence à Paris. On espéra qu'il ne tarderait pas à s'en retourner à Ferney, comme il en donnait l'assurance, et les choses en étaient là lorsqu'il fut pris d'un crachement de sang dont Mme Denys s'effraya très justement. C'était à la suite des répétitions de sa tragédie d'*Irène*, dont il avait pris la peine de déclamer tous les rôles, afin de guider les comédiens et de leur en donner *le ton*, disait-il. Comme il ne trouvait jamais qu'on pût et voulût crier assez fort, il avait tant crié qu'il s'était rompu un vaisseau dans la poitrine, et Tronchin déclara formellement à ses parens et ses amis qu'il n'en reviendrait pas.

On imagina, pour le désennuyer, de lui faire lire, par M. Laharpe, une tragédie dudit M. Laharpe, mais il parut que la mauvaise déclamation de cet auteur ne le fatigua pas moins que les nombreuses corrections qu'il ne pouvait s'empêcher de lui indiquer. Il en eut un redoublement de fièvre, et Tronchin défendit qu'on lui parlât de littérature, de politique ni de religion surtout ! Tronchin savait très bien qu'il allait mourir, mais ceci n'a rien d'extraordinaire ou d'inconséquent de la part d'un médecin calviniste, et surtout d'un homme de Genève.

A partir de ce moment-là, on ne le laissa causer avec personne ; on ne faisait que le montrer à ceux qui venaient pour le voir ; il essayait de sourire et faisait une grimace accompagnée d'un signe de tête aux personnes qu'il voyait avec plaisir, et pour témoigner que les autres lui déplaisaient, il se mettait à pousser des cris affreux ! ! ! Quand il avait été question de lui donner une garde-malade, il avait demandé qu'elle fût jeune et jolie : c'était une grande et belle fille âgée de vingt ans ; mais au commencement du carême où l'on entrait, Voltaire exigea qu'elle ne fît pas maigre. Il se divertissait à lui faire rompre son jeûne au moins cinq à six fois par jour ; il ne voulait jamais prendre une tasse de bouillon sans en faire boire à cette fille, qui finit par s'en impatienter et par le planter là. C'était un monstre, disait-il alors, une scélérate, un jésuite en cornette ; et, sans aucun doute, elle aurait fini par l'étrangler ! Il allait jusqu'à soutenir que cette fille était un garçon que les envieux de sa gloire avaient travesti pour l'empoisonner dans un clystère, et quand son auditoire était des plus bénévoles, il ajoutait que M. le Lieutenant-Général de police l'en avait fait prévenir.

Cependant la prudence de M. Tronchin fut alarmée de quelques paroles échappées à M. de Malesherbes. Il avait été question de l'exiler de Paris, à raison de sa clinique anti-canonique ; et voilà M. Tronchin qui fait volte-face à ses interdictions en allant déclarer à Mme Denys, que, si M. son oncle a des intentions religieuses à manifester, ce sera pour le mieux. Mme Denys lui répondit qu'on n'y trouverait sûrement aucun empêchement de la part de son oncle, attendu qu'il avait l'habitude de se confesser et de se faire administrer toutes les fois qu'il se croyait bien malade, et qu'à sa propre connaissance et de compte fait par elle, il avait déjà reçu l'absolution sept à huit fois, depuis huit ou dix ans.

Le Curé de Saint-Sulpice envoya d'abord auprès de Voltaire un prêtre habitué de son église, appelé l'abbé Gauthier. Celui-ci fut satisfait de son entrevue préliminaire avec le philosophe, et M. le Curé, qui ne manqua pas de le visiter le lendemain matin, n'eut aucune peine à obtenir de lui cette déclaration que le malade écrivit au courant de la plume, et dont j'ai vu l'original entre les mains de feu M. l'Archevêque

« Ce 2 mars 1778, étant à Paris, dans la
« maison de M. le Mis de Villette, je soussigné,
« François-Marie Arouet de Voltaire, Écuyer,
« Seigneur de Ferney, Semaise et autres lieux,
« Gentilhomme ordinaire de la chambre du Roi,
« l'un des quarante de l'Académie française, etc.,
« déclare que, me trouvant attaqué, depuis quatre
« jours, d'un vomissement de sang, à l'âge
« de quatre-vingt-quatre ans, et n'ayant pu me
« rendre à l'église, Monsieur le Curé de Saint-
« Sulpice, sur la paroisse duquel je me trouve,

« ayant eu la charité d'ajouter à ses bonnes œuvres
« celle d'envoyer auprès de moi M. l'abbé Gau-
» thier, je me suis confessé à lui ; et que si Dieu
« dispose de moi, je meurs dans la communion de
« la sainte église, catholique, apostolique et ro-
» maine, où j'ai eu le bonheur de naître, espérant
« de la miséricorde divine qu'elle daignera me
« pardonner mes péchés ; et je déclare que si j'ai
« scandalisé l'Eglise, j'en demande humblement
« pardon à Dieu et à elle. En foi de quoi, j'ai
« signé en présence de M. l'abbé Mignot, mon
« neveu, et de M. le Mis de Villevieille, mon ami,
« les mêmes jour et an que dessus.

« VOLTAIRE. »

M. de Villette osait ajouter que Voltaire aurait dit à l'Abbé de Tersac, après avoir signé cette déclaration :

— « Vous avez raison, M. le Curé, il faut ren-
« trer dans le giron de l'Église, il faut mourir dans
« la religion de son père et de son pays : si j'étais
« aux bords du Gange, je voudrais expirer ayant
« une queue de vache à la main. »

Le Curé de Saint-Sulpice m'a protesté que Voltaire n'avait rien dit de semblable en sa présence, et qu'il avait pleuré très abondamment après avoir écrit sa déclaration.

M. Tronchin, qui n'était pas marquis et qui ne se croyait pas inviolablement indépendant, comme M. de Villette, fit imprimer, dans le *Journal de Paris*. un bulletin des plus emphatiques au sujet de cet il-

lustre malade, qui devait toujours voir, ainsi que Damoclès, une épée suspendue par un fil au-dessus de sa tête, etc.

— M. l'anatomiste, disait Voltaire au docteur Lorry, pourquoi vous étonnez-vous de ce que je me suis confessé; vous me croyez donc bien impie?

— Comment donc, lui répondit le docteur,

« Vous craignez qu'on l'ignore et vous en faites gloire »

Vers de Voltaire, et celui-ci se prit à crier : —
« Je veux m'en aller de cette maison-ci! je ne veux
« pas être tyrannisé par mes amis, pas plus que par
« mes ennemis, ni par les savans non plus que par
« des ânes; je ne veux pas qu'on jette mon corps à
« la voirie! Je suis un enfant de Paris, entendez-
« vous, un enfant bien né, qui n'a pas été trouvé
« dans de la paille, et je veux que mes funérailles
« soient aussi décentes que mon baptême ; j'y veux
« des cierges à profusion, des cierges allumés! je
« veux des tentures noires avec des litres de velours,
« avec des croix d'argent, des larmes et des franges
« d'argent, et les armes de M. de Voltaire de tous
« les côtés. Je veux un drap mortuaire pour me
« couvrir, un drap superbe, et de l'eau bénite
« comme s'il en pleuvait! — Ah! juste Dieu, que
« je souffre! Si ma nièce n'a pas l'esprit de me
« trouver un autre logement où l'on veuille me
« laisser mourir tranquille, je vas m'en aller à Fer-
« ney; je mourrai en chemin, ça m'est égal... —
« Allez au diable! dit-il à son neveu d'Hornoy qui
« se disposait à l'interrompre, allez au diable, et

« laissez-moi faire des signes de croix tant que je
« voudrai ! »

Avant de procéder à l'administration des sacremens, M. l'Archevêque ordonna qu'il eût à faire une rétractation dans les règles. « Mais j'ai toujours
« désavoué les écrits dont vous voulez parler, s'é-
« cria-t-il, et toutes les impiétés qu'on m'attribue
« sont des inventions calomnieuses!.... » On s'occupait à faire une liste des ouvrages qu'il aurait à désavouer, lorsque MM. Dalembert et Condorcet vinrent lui reprocher sa faiblesse. — « Je ne veux
« pas qu'on me jette à la voirie! répliqua-t-il en
« grinçant des dents, et si l'on finit par m'impa-
« tienter, je sais bien ce que je ferai! je ferai un
« vœu à sainte Geneviève; je le ferai publier dans
« la Gazette de France; je ferai peindre un *ex-voto*
« qui représentera Voltaire agenouillé devant la
« châsse; et puis je ferai des amendes honorables;
« je donnerai toute ma fortune aux incurables; en-
« fin je vous ferai tous damner pour me sauver de
« la voirie.......... Èh, mes amis, poursuivit-il avec
« une voix lamentable, Voltaire se meurt, Voltaire
« crache son sang, ne voyez-vous pas que sa tête
« s'en va, sa tête n'y est plus; laissez donc tranquille
« un pauvre vieillard qui voudrait mourir en paix
« avec son bon maître, le Roi de France, avec Mon-
« seigneur l'Archevêque, notre pasteur, et la bien-
« heureuse Geneviève de Nanterre, patronne de
« Paris! »

« Savez-vous bien, reprit-il avec énergie, que ma
« grand'mère était très dévote à sainte Geneviève,
« et que son mari fut un des XVI porte-châsses à la

« procession de 1685 ! Vous croyez peut-être que
« ce n'était rien du tout que de porter la châsse
« de sainte Geneviève? Dites-moi donc cela pour
« que je vous étrangle et que je vous arrache les
« yeux !... »

Tous les Philosophes étaient consternés.

Quand ils se furent retirés, la fureur dans l'âme, Voltaire se fit lire par le sieur Gagnière un ou deux chapitres de *l'Introduction à la Vie devote* (par saint François de Sales), il s'endormit paisiblement, et comme il y eut pendant cinq à six jours un mieux sensible dans son état, il se remit à dicter des corrections pour sa tragédie d'*Irène* et fit écrire le plan d'une autre conception dramatique à laquelle il aurait donné le nom d'*Agathocle*; il interrompait souvent ces travaux pour s'occuper des plus petits détails de ménage, et tous les mémoires du temps rapportent une histoire de couverture dont je n'avais rien appris dans ce temps-là. C'était, nous disent-ils, un présent qu'il aurait voulu faire à sa garde-malade; mais il ne voulut donner que 15 livres pour cette couverture de laine, le marchand n'en voulait pas moins de 17, et Mme Denis paraissait incliner à faire le sacrifice de ces deux livres tournois, lorsque son oncle l'apostropha si rudement qu'elle en fondit en larmes ; il la menaça de la déshériter pour la forcer à devenir bonne ménagère; il injuria ce marchand qu'il appela filou, gredin, pilier de potence, et celui-ci remporta ses ballots de couvertures en vomissant des imprécations. Il avait fait, de la rue Mouffetard au quai des Théatins, cinq à six voyages à partir de huit heures du matin, et cette belle discussion pour 40 sous dura toute la journée.

Cependant Mme Vestris avait fini par apprendre son rôle d'Irène à la satisfaction de Voltaire, et si mauvaise actrice qu'elle fût, on décida qu'elle y serait incomparable. La tragédie ne valait pas mieux que la comédienne, et le public en accueillit froidement la représentation. Mais comme elle ne fut pas sifflée, par suite de l'urbanité française et par égard du parterre, à raison de la renommée, de la vieillesse et de la maladie de l'auteur, on n'eut pas de peine à lui persuader que sa pièce avait été, comme on dit en termes de coulisses, et de foyer, portée jusqu'aux nues; on ajouta que toutes ses allusions contre les prêtres avaient été saisies et applaudies avec une intelligence et par un enthousiasme admirables, et voilà qu'il prit la résolution d'assister à la deuxième représentation de son poëme et de se transporter au Théâtre-Français. Mme de Villette écrivit au Maréchal de Beauvau pour le prier de vouloir bien prêter sa loge à M. de Voltaire; et comme cette loge était une de celles de MM. les Premiers-Gentilshommes de la chambre et les capitaines des gardes-du-corps, M. de Beauvau commença par s'assurer si LL. MM. ne le trouveraient pas mauvais. — Ce sera ridicule, et puis voilà tout; faites comme vous voudrez, lui dit le Roi. Mais laissons les acteurs et les machinistes ajuster leurs décorations philosophiques; nous allons revenir à la Comédie-Française en sortant de l'Académie.

M. Dalembert avait organisé, quelques **jours**

avant celui dont je vous parle, une députation pour aller complimenter le patriarche de son encyclopédie. Il paraît qu'il était bien aise de paraître en grand équipage, car il avait prié M. de Beauvau de lui prêter le sien. M. le secrétaire perpétuel et ses affidés s'y entassèrent à la demi-douzaine, mais il n'est pas vrai que le Prince de Beauvau fît partie de la députation.

Voltaire leur répondit poétiquement que les Muses et l'Apollon Musagète devaient être considérés comme les Déesses et le véritable Dieu de la médecine, attendu qu'Esculape était le fils d'Apollon : il leur dit qu'il irait leur rendre visite au Louvre ; il ajouta qu'il avait commandé chez Barchestre un carrosse magnifique, dont il aurait soin de faire hommage à l'Académie Française après son départ, et tout le reste de son allocution fut si misérablement plat ou si ridiculement emphatique que Dalembert en paraissait embarrassé. On ne manqua pas d'assurer que c'était par pure malice, et pour se venger de M. Dalembert qui l'avait contrarié sur le chapitre de sa confession. Dans tous les cas, c'était une vengeance de nouvelle espèce ; mais on aurait soutenu que Voltaire était un meurtrier, un incendiaire et un empoisonneur, plutôt que de convenir qu'il avait pu faiblir ou déraisonner, tout naturellement.

Le bel équipage en question consistait dans un gros carrosse à fond bleu de ciel et tout parsemé d'étoiles d'or ; on ne manqua pas de le comparer au char de M. de l'Empirée dans la comédie de Piron ; mais comme il avait été confectionné par les soins de M. de Villette qui ne faisait jamais rien exécuter chez lui qu'en peinture à la détrempe, sur des plafonds de toile et des lambris de carton, il se trouva que ces brillantes étoiles (astres philosophiques) étaient de simples découpures en papier doré qu'on avait appliquées à la colle; et le soleil les fit se boursoufler, se déformer, se détacher et tomber si bel et si bien qu'il n'en resta presque pas sur ce firmament et cet horizon céleste, en cuir azuré. — On n'avait pas *eu le temps,* disait Belle-et-Bonne, et vous verrez qu'il fallait absolument une cariole Uranographique à l'ancien ami de la docte Émilie, autre personnage astronomique à l'équipollent?

Aucun des prélats ni des ecclésiastiques académiciens ne voulut se trouver à la séance, et l'on remarqua que l'Abbé de Boismont, qui n'avait pas été prévenu de ce qui devait s'y passer, se retira tout doucement lorsque Voltaire fut entré dans la salle. Celui-ci portait un vieux et vaste juste-au-corps en velours bleu galonné d'or (assorti sur la couleur et le métal de la cariole), il avait des bas roulés à coin d'argent, et sa tête était ensevelie dans une grande perruque à la Louis XIV, en cheveux bruns et non poudrés, qui lui cachait tellement la figure qu'on n'y voyait que deux yeux flamboyans comme ceux d'un chat sauvage; on avait placé son portrait au-dessus de son fauteuil, et pour cette fois, il se garda bien de chercher à se *venger* de M. Dalembert, aux dépens de sa réputation de bel-esprit. Il fut scintillant comme une escarboucle, et ce fut, je crois bien, ce jour-là, qu'il recommanda le mot *tragédien* à ceux des académiciens qui s'oc cupaient du dictionnaire; il est assez connu qu'il leur dit avec assez de jugement et beaucoup d'esprit : La langue française est comme une pauvresse orgueilleuse, elle se fâche quand on lui fait l'aumône, il y faut mettre de l'adresse.

Le continuateur des mémoires de Bachaumont rapporte la même chose en d'autres termes, mais je préfère ma version comme étant plus élégante, et parce que je la tiens d'un auditeur très exact et très mémoratif, M. de Beauvau.

Voilà donc M. de Voltaire à la Comédie-Française, en face de M. le Comte d'Artois, et ce que Mme de la Reynière y trouva de plus singulier, c'était de voir un gentilhomme *ordinaire* de la chambre, dans la loge des *Premiers* gentilshommes, et à la place d'honneur encore! elle en a parlé jusqu'en 1792.

Le parterre avait exigé que M. de Voltaire ne restât pas assis derrière Mme Denys et Mme de Villette, et je trouvai qu'il avait raison. Quand on eut crié, pendant quelque temps, des *vivat* et des *bravo!* on entendit une grosse voix qui sortait d'une baignoire et qui disait : *La couronne! la couronne!*.... et l'on vit alors le comédien Brizard entrer dans cette grande loge avec une couronne à la main. Il entreprit de la placer sur la tête du vieux poëte, qui s'en défendit modestement et se débattit supérieurement bien. Il avait manœuvré de manière à s'emparer de ladite couronne à dessein d'en faire hommage à Mme de Villette, et c'était une couronne de laurier, s'il vous plaît! Le parterre en fut tellement scandalisé qu'on aurait dit assister à la fin du monde; et comme il ne finissait pas de trépigner, rugir et tempêter, M. de Craon s'en vint dire à Voltaire : — Monsieur, rendez-nous le service de vous laisser faire; ayez la bonté de vous laisser couronner : et ce disant, il y procéda sans autre cérémonie. M. de Voltaire resta coiffé de cette manière tout le reste de la soirée, et chacun trouva que l'effet de cette couronne olympique sur une si grande perruque et sur un si petit visage avait quelque chose de bien étonnant.

La tragédie ne fut ni bien écoutée ni fort applaudie; mais, entre les deux pièces, il y eut un bel intermède *imprévu* comme la couronne. On releva la toile, et l'on vit tous les comédiens, les comédiennes, et les autres employés de ce théâtre, qui tenaient des palmes d'osier, des bouquets, des guirlandes et autres artifices en papier de couleur, et tous ces honnêtes gens se dessinaient en belles postures autour d'un buste de M. de Voltaire, lequel était couronné d'étoiles d'or et guindé sur un fût de colonne. On sonna des fanfares, on récita des vers; et Mme Vestris, grosse et grasse actrice, qui grasseyait à la rouennaise, et qui venait de jouer le rôle d'Irène en habit de Chinoise, Mlle Vestris se mit à déclamer un morceau de poésie composé pour la circonstance, avec une emphase égale à l'extravagance du reste de la scène. C'étaient des vers de M. de Saint-Marc, et je vous dirai que M. de Saint-Marc était encore un marquis de contrebande, qui rimait à la suite de l'Encyclopédie. Il était l'auteur d'un poëme sur le *langage des fleurs* sans *soucis*, disait-il, on pourrait ajouter sans *pensées*, et je me souviens que, dans une épître à l'*Apollon-Sophocle*, auteur de la Henriade, il avait cru devoir parler de la *poule-au-pot*, qu'il appelait délicatement : « L'épouse du chantre du jour. »

M. de Villette avait eu soin d'aposter cinq ou six mauvais garçons, pour remplacer les chevaux du carrosse étoilé et pour le traîner triomphalement dans les rues, ce qui aurait été superbe aux flambeaux ! On avait compté sur la concurrence, et ces beaux messieurs avaient commencé par couper les traits des chevaux ; mais on fut obligé de les rafistoler comme on put vingt minutes après, attendu que personne ne voulut s'atteler avec eux sur cet équipage burlesque. M. de Voltaire se trouva forcé d'attendre que son harnois fût raccommodé ; il avait grand froid. — Si j'avais pu supposer, dit-il impatiemment, qu'on voulût faire une *sottise* pareille, je me serais bien gardé de venir ici ! mais ceci n'empêcha pas de croire que s'il s'était trouvé des traîneurs en assez grand nombre, il en aurait été transporté de satisfaction.

Le couronnement et l'apothéose de M. de Voltaire ont été la fidèle image de tous les triomphes et de toutes les joies de ce monde. — « Je vous conseille de venir m'en féliciter, » disait-il en montrant ses poings fermés ; « ignorez-vous donc que la Reine
« était à l'Opéra et qu'elle n'avait pas daigné venir
« à la Comédie-Française le jour de cette représen-
« tation d'*Irène !* Ne savez-vous point que tout le
« monde a fait semblant de s'ennuyer en voyant
« jouer cette pièce à Versailles, et que parce que la
« Reine a bâillé (elle avait apparemment des maux

« d'estomac), on a bâillé dans toute la salle à se
« démettre les mâchoires ? Je n'ai pas besoin de
« vous dire que ce monstre de Père Beauregard,
« ancien Jésuite, a prêché devant la famille royale,
« et qu'il a tonné sur la gloire dont on affectait de
« couvrir *le chef audacieux d'une secte impie, le
« détracteur de la religion, le destructeur de la morale
« publique et des bonnes mœurs,* car voilà les propres
« paroles dont il s'est servi ; et comme le Roi n'a
« pas eu l'air de désapprouver cette diatribe évan-
« gélique, vous voyez bien, poursuivait-il en gémis-
« sant, qu'il me faut renoncer à l'espérance de me
« voir accueilli favorablement et honorablement
« par Leurs Majestés ! Vous venez me parler de
« l'enthousiasme de votre public, et je vous dirai
« que le public ne vaut pas mieux que les courti-
« sans ! » Là-dessus arrivait un long récit de la dé-
convenue qu'il avait essuyée dans une étude, chez
un procureur au Châtelet, qui s'appelait Maître
Keller et qui était le gendre du bonhomme Lurot,
mon receveur des rentes et l'un des marguilliers de
Saint-Merry. Cet homme était chargé de le poursuivre pour une vieille créance de la succession des
frères Pâris, mais il était persuadé que M. Arouet,
dit de Voltaire, devait être mort depuis long-temps.
— Il paraît que vous avez fait des livres assez jolis,
lui dit ce procureur, et puisque vous n'êtes pas mort
et que vous êtes venu chez nous, voilà, parbleu, qui
va se trouver juste comme un gant ! je m'en vas
vous faire faire la connaissance de mon second clerc
qui a fait pour la fête de madame Lurot, ma belle-

mère, une chanson des plus charmantes (1)! Voltaire en avait à raconter pour une heure, et quand on avait le malheur d'en rire, il se mettait en fureur. Il n'était pourtant pas guéri de ses hémorragies pectorales, il ne vivait que de purée de fèves, et du reste il était si pleinement rassuré sur son état, que dans une seule et même journée, il alla se faire de fête à une séance maçonnique de la loge des *Neuf-Sœurs*, où le grade de Rose-croix lui fut conféré par M. le Duc d'Orléans. Il fut ensuite assister à une représentation de *l'Amant romanesque* de Mme de Montesson, chez elle, et finalement il alla souper chez la Maréchale de Luxembourg où je ne m'étais pas souciée de le rencontrer. Il y fut singulièrement aimable pour votre père, auquel il assura qu'il ne manquerait pas de venir me voir le lendemain. Mais il était sorti pour la dernière fois de sa vie : il eut un accès de fièvre ardente avec une forte hémorragie pendant la nuit ; j'envoyai demander de ses nouvelles en représailles de ses complimens, et celles que René Dupont me rapporta furent celles-ci. On ne laissait monter absolument personne et l'on n'en disait pas moins, à la porte de M. de Villette où l'on montrait un bulletin favorable, mais qui n'était signé d'aucun médecin, que M. de Voltaire était

---

(1) — Je suis bien aise de faire *sa connaissance*, *votre connaissance*, au lieu de faire connaissance avec elle, et connaissance *avec* vous.

J'espère que vous aurez soin d'abandonner cette locution vicieuse et ridicule aux Alsaciens, à qui tous les princes allemands et leurs envoyés tudesques l'ont empruntée.

aussi bien que possible. On supposait dans le quartier qu'il était déjà mort, et c'était un bruit prématuré, comme vous allez voir.

M. l'Archevêque avait envoyé le promoteur de son officialité pour se concerter avec le malade, et M. de Villette était venu se mettre à la traverse en assurant qu'il était hors d'état de pouvoir écrire ou parler. Tous les philosophes étaient dans une angoisse abominable, et pour entraver les négociations de l'officialité métropolitaine, on imagina d'embarquer et d'embarrasser le clergé paroissial de Saint-Sulpice dans une correspondance avec M. de Voltaire, à l'effet de gagner du temps. Il avait si bien la tête à lui, Voltaire, qu'il écrivit dans la soirée de ce jour-là ce qu'on va lire, et l'on ne saurait douter qu'il ne fût l'unique auteur de cette lettre où l'on reconnaît ce ton de persiflage honnête et perfide dont cet homme avait le secret et dont on ne savait quelquefois comment se fâcher.

A Monsieur le Curé de St.-Sulpice.

Monsieur,

« M. le M¹⁸ de Villette a cru pouvoir m'assurer
« que si j'avais pris la liberté de m'adresser à vous-
« même pour entendre ma confession, car ce n'est
« plus de ma déclaration qu'il s'agit, vous auriez eu
« la bonté de quitter vos importantes occupations
« pour venir auprès de moi, et pour y remplir une
« fonction qui me paraîtrait subalterne, attendu
« surtout que je ne suis qu'un passager dans votre

« département. M. l'abbé Gauthier avait commencé
« par me faire l'honneur de m'écrire aussitôt qu'il
« avait entendu parler de ma maladie, et j'étais
« fondé à croire, que demeurant sur votre paroisse,
« il était envoyé par vous. Je vous regarde, Mon-
« sieur, comme un personnage du premier ordre
« dans l'État; je sais que vous soulagez les pau-
« vres en apôtre et que vous les faites travailler en
« administrateur éclairé, en ministre habile et gé-
« néreux ; plus je respecte votre personne et votre
« ministère, plus j'ai craint d'abuser de vos extrê-
« mes bontés. Je n'ai considéré que ce que je dois
« à votre naissance, à votre état et à votre mérite ;
« vous êtes un général à qui j'ai demandé pour
« sauvegarde un soldat, homme d'expérience et de
« probité. Je vous supplie de me pardonner d'avoir
« ignoré la condescendance avec laquelle vous seriez
« descendu jusqu'à moi. Pardonnez-moi aussi l'im-
« portunité de cette lettre : elle n'exige pas l'em-
« barras d'une réponse ; et vos momens sont trop
« précieux pour que j'ose en désirer. J'ai l'honneur
« d'être avec une vénération remplie de confiance
« et de respect,

« Monsieur,

« Votre très-humble et très-
obéissant serviteur,

Voltaire,

« Gentilhomme ordinaire de la chambre du Roi.

« Ce jeudi 14, à dix heures après midi.

Bien attaqué, bien garanti, notre Curé lui répondit sans sortir de la gravité convenable et dans un style assez admiratif pour ne pas être accusé d'ignorance du monde et d'excès de rigidité : il y mêla des vérités sévères, assorties à ses fonctions ainsi qu'à la situation de ce *passager* sur son *département;* il ne fit attendre le laquais de M. de Villette que pendant un quart d'heure et lui fit donner cette réponse.

« Tous mes paroissiens, Monsieur, ont droit à
« des soins égaux de ma part ; c'est la nécessité
« seule qui peut m'obliger à les partager avec mes
« collaborateurs, mais un homme tel que Monsieur
« de Voltaire est fait pour attirer une attention par-
« ticulière; sa célébrité, qui fixe sur lui tous les
« yeux de la capitale de ce grand royaume, et peut-
« être l'attention de l'Europe, est bien digne d'atti-
« rer, on en conviendra, toute la sollicitude pastorale
« et l'attention d'un Curé.
« Si tout ce que vous avez fait était nécessaire,
« Monsieur, c'était autant que cela pouvait être
« utile et consolant pour vous dans le danger qui
« vous menaçait et la maladie qui vous menace en-
« core. Mon ministère ayant pour objet le bonheur
« de l'homme, en tournant à son profit les mal-
« heurs inséparables de sa condition, et en dissi-
« pant, aux lumières de la science et de la foi, les
« ténèbres qui offusquent sa raison et qui voudraient
« en borner l'exercice dans le cercle étroit de cette
« misérable vie, jugez avec quel empressement je

« dois en offrir l'assistance à l'écrivain le plus re-
« nommé de son époque, à celui dont le bon exem-
« ple aurait sûrement des milliers d'imitateurs, et
« surtout, Monsieur, dans la circonstance où vous
« vous trouvez, circonstance imposante, importante
« à l'édification des autres, importante à tous les
« principes de la foi chrétienne, sans lesquels la
« société ne saurait être qu'un assemblage de mé-
« chans et d'insensés, divisés par leurs passions et
« tourmentés par leur incertitude.

« Je sais que vous êtes bienfaisant; si vous me
« permettez d'aller vous entretenir, j'espère vous
« convaincre qu'en adoptant sincèrement et parfai-
« tement la sublime philosophie de l'Évangile, vous
« pourriez faire le plus grand bien; vous pourriez
« ajouter à la gloire d'avoir fait parvenir l'esprit
« humain au comble du savoir, le mérite d'avoir
« édifié le monde. La sagesse divine, revêtue de
« notre nature, vous a donné la juste idée du dé-
« vouement et de la perfection, elle en a fourni le
« parfait modèle, et vous ne le trouverez nulle au-
« tre part que dans la divine personne de notre
« Seigneur Jésus-Christ.

« Vous me comblez de choses obligeantes que je
« ne mérite certainement pas; il est au-dessus de
« mes forces d'y correspondre et d'y répondre, en
« agissant à l'envi des savans et beaux esprits qui
« vous portent avec tant d'empressement le tribut de
« leurs hommages et de leur admiration; le rôle
« qui m'est assigné près de vous, Monsieur, est
« plus modeste, plus sévère et plus utile. Je vous

« offre avec empressement et sincérité mon assis-
« tance et mes vœux pour votre solide **bonheur.**

« J'ai l'honneur d'être, etc.

« J. de TERSAC.
« Curé de cette paroisse.

« Ce jeudi, onze heures et demie du soir. »

M. de Villette prit la liberté d'intervenir dans la correspondance en répondant, au nom de M. de Voltaire, à M. de Tersac, et celui-ci fit dire à tous les deux que, si l'on entreprenait de faire tourner les choses en mystification profanatoire, il s'abstiendrait d'y participer, et qu'il aurait soin d'en référer à son supérieur ecclésiastique. On s'effraya de cette réplique; on n'osait pas se commettre ouvertement avec un Archevêque de Paris, avec un Prélat tel que M. de Beaumont, et Mme Denys s'empressa d'écrire en conséquence. Elle affirmait à M. le Curé que son oncle était hors d'état de pouvoir proférer deux phrases de suite; mais elle ajouta qu'il avait conservé toute sa lucidité de jugement et d'esprit, qu'il ne demandait pas mieux que d'entrer en conférence avec M. le Curé de Saint-Sulpice, qu'il appelait *le bon Pasteur*, et qu'elle ne manquerait pas de le faire avertir aussitôt que l'état du malade pourrait lui permettre de parler, sans provoquer un nouvel accident. Nouvelle et dernière lettre pastorale, à ce que m'a dit M. de Tersac : il écrivit non pas à Mme Denys, mais à Voltaire, en lui disant que dans une entrevue dogmatique avec un docteur de Sorbonne, il aurait plutôt l'occasion d'écouter que celle de parler ; qu'il n'aurait à proférer que des monosyllabes, et que, s'il ne pouvait faire que des signes de tête affirmatifs, on s'en contenterait. On ne montra pas cette lettre à Voltaire ; on le séquestra comme un testament olographe ; et quand on envoya chercher M. de Tersac, c'est qu'il était à la dernière extrémité. Celui-ci refusa d'administrer les sacremens de l'Église ; il se mit à genoux au milieu de la chambre ; il y fit à voix basse une prière qui dura sept à huit minutes, et s'en retourna sans avoir adressé la parole à aucune personne de la maison.

Tout ce qu'on a dit et publié sur ses discussions théologiques avec le vieux philosophe est de pure invention.

Tout ce qu'on a pu savoir sur les derniers momens de Voltaire, qui n'avaient eu pour témoins que des philosophes, c'est qu'il avait passé deux jours et deux nuits dans une succession continuelle de fureurs, de rugissemens féroces et de saletés horribles. On l'entendait crier de la loge du suisse à l'hôtel de Nesle, et les sœurs du Tiers-Ordre qui l'ensevelirent, avaient eu peur de le toucher, tant l'expression de son visage était épouvantable ; ce qui, dirent-elles à mes gens, n'est pas ordinaire après la mort.

Quand on eut pris la résolution de le faire partir pour Scellières en chaise de poste, assis à côté de M. Mignot, et suspendu par dessous les bras au moyen d'une corde, on envoya chercher les mêmes sœurs pour le dépaqueter de son suaire et pour l'habiller en voyageur malade; mais elles refusèrent de faire une mascarade avec un cadavre. On alla jusqu'à leur proposer vingt-cinq louis, et ce fut inutilement.

On l'enterra donc clandestinement dans un village à quarante lieues de Paris. M. l'Évêque de Troyes fit informer contre l'officiant, qu'on reconnut avoir été trompé par une sorte d'acte en *démissoire*, attribué faussement à M. de Tersac. On fit défendre à tous les journalistes de parler de la mort de Voltaire et de faire l'éloge de ses œuvres. On défendit aux comédiens de jouer ses pièces, et voilà tout ce qu'il en fut, parce que la famille Necker avait obtenu de M. de Maurepas que *le Gouvernement* ne poursuivît point les faussaires. Voici la critique de Voltaire en forme d'épitaphe, et l'on m'a dit qu'elle avait été composée par l'abbé Millot, son collègue à l'Académie Française. Je vous dirai, pendant que j'y pense, à propos de cet abbé Millot, qu'il avait le fin génie de l'épigramme latine, et qu'il était tout-à-fait incapable de se moquer de personne en français : disposition singulière et qui me paraissait analogue à celle de Mme de Croüy, qui ne pouvait jamais prier le bon Dieu qu'en patois flamand. L'abbé Millot avait fait un joli jeu de mots sur la mort d'un vieux M. de Fleury, que la Basoche appelait *dur-à-cuire*, et qui n'avait jamais eu d'enfans quoiqu'il se fût marié quatre ou cinq fois :
« FLORUIT SINE FRUCTU, DEFLORUIT SINE LUCTU. » Fleuri sans fruit, et défleuri sans larmes. Ecoutez cette épitaphe de Voltaire

En tibi dignum lapide Voltarium
Qui
In poesi magnus,
In historia parvus,
In philosophia minimus,
In religione nullus;
Cujus
Ingenium acre,
Judicium præceps,
Improbitas summa;
Cui
Arrisere mulierculæ,
Plausere scioli,
Favere prophani;
Quem
Irrisorem hominum, Deûmque,
Senatus, populusque, atheo-physicus
Ære collecto
Statuâ donavit (1).

---

(1) « Cette épigramme a eu le sort de toutes les atrocités, l'horreur en est retombée sur son auteur. Son esprit est aussi faux que son âme est atroce; il vaudrait mieux qu'un pareil empoisonneur public fût un assassin; ce dernier n'est funeste qu'à quelques individus, tandis que l'autre peut égarer et corrompre des générations entières, et que les effets du poison qu'il a répandu subsistent encore après lui. Dans les pays policés, pour attester la sagesse des lois, de pareilles épigrammes mériteraient le dernier supplice, et tout au moins celui du carcan!!! » Cette imprécation fougueuse est extraite de la correspondance philosophique de M. Grimm, à l'occasion d'une épigramme contre M. de Voltaire, et l'on voit comment les philosophes du dix-huitième siècle entendaient la *tolérance?*
« Voltaire n'a pas vu tout ce qu'il faisait, » disait souvent Mme de Créquy, « mais il a fait tout ce que nous voyons. »
On trouve dans les manuscrits du chevalier de Montbarrey que

On apprit quelque temps après que l'impératrice Catherine de Russie avait acheté de Mᵐᵉ Denys la bibliothèque de son oncle; (il devait s'y trouver de belles choses en marge!...) et la sensible héritière de Ferney ne manqua pas de faire circuler dans tout Paris la belle épître qui suit.

Lettre de S. M. l'Impératrice de toutes les Russies à la nièce d'un grand homme.

« Je viens d'apprendre, Madame, que vous con-
« sentez à remettre entre mes mains ce *dépôt* pré-
« cieux que M. votre oncle vous a *confié*, cette biblio-
« thèque que les *âmes sensibles* ne verront jamais
« sans se souvenir que ce grand homme sut ins-
« pirer aux humains cette *bienveillance* universelle
« que tous ses écrits, même ceux de pur agrément,
« respirent. (*Il faut respirer après cette longue période
« à la moscovite.*) Personne avant lui n'écrivit ainsi
« que lui, il servira d'exemple et de modèle à la
« race future; (*bonne espérance et belle prophétie!*)
« mais il faudrait unir le génie à la philosophie, aux
« connaissances et aux agrémens, en un mot être
« semblable à M. de Voltaire, pour l'égaler; (*voilà
« qui n'est pas contestable*); et si j'ai partagé avec
« toute l'Europe, vos regrets, Madame, sur la perte
« de cet homme incomparable, vous vous êtes *mise*

Mᵐᵉ de Créquy répondit un jour, à je ne sais quelle sotte question de Milady Craven; « Non, Madame, c'était du temps « d'un roi de France qui s'appelait Louis XV et qui vivait sous « le règne de Voltaire! »   (*Note de l'Éditeur.*)

« *en droit* de participer à la reconnaissance que je
« dois à ses écrits. (*Et comment donc cela, Princesse?
« en vous vendant ces mêmes écrits et ses manuscrits?*)
« Je suis, sans doute, très sensible à *l'estime* et à la
« confiance que vous me marquez, (*Mais c'est trop
« juste, et tout le monde sait combien vous êtes digne
« d'estime !*) Il m'est bien *flatteur de voir* qu'elles
« sont héréditaires dans votre famille, et *la noblesse*
« de vos procédés vous est caution de mes senti-
« mens à votre égard. J'ai chargé M. Grimm de
« vous remettre quelques témoignages, dont je vous
« prie de faire usage. »

« *Signé*, Catherine (1). »

Les *témoignages* dont elle priait Mme Denys de *faire usage* consistaient dans une somme de cinquante mille écus, payable à vue sur MM. Laborde et Laballue, sans compter une garniture de pelisse et des manchons.

Voyez pourtant l'effet du crime et du remords, et voyez la lâcheté du vice ! La Czarine, veuve de Pierre III, cette femme courageuse, cette princesse victorieuse et législatrice, avait peur de nos philosophes. Elle en était réduite à les soudoyer, à flagorner platement une sotte bourgeoise, afin d'acheter les

---

(1) M. Grimm, illustre correspondant de cette impératrice à Paris, n'a pas cru devoir publier cette barbare et tartare épître, mais vous pourrez dire à ceux qui douteraient de sa réalité, qu'elle avait été recueillie par le continuateur de Bachaumont.
(*Note de l'Auteur.*)

louanges, la protection vénale, et tout au moins le silence de ces méchans écrivains. Pour un motif ou pour un autre, il est à remarquer que tous les souverains étrangers (c'est-à-dire ceux du *nord de l'Europe*) en faisaient autant. Il est à remarquer aussi que tous les souverains qui ne sont pas catholiques ont la même affectation de prévenance universelle, de générosité sentimentale, de simplicité ridicule et de bienveillance hypocrite. Si je ne vous ai pas entretenu successivement du Roi de Danemark et du Roi de Suède, du philosophe Joseph II, du Prince Henry de Prusse et du Comte du Nord, c'est tout uniment pour ne pas réveiller en moi les sentimens d'impatience et d'irritation qu'ils me causaient à Paris. Tout ce que je vous dirai sur ces illustres voyageurs, c'est que la gaucherie de leur enthousiasme et de leurs adulations pour de misérables écrivassiers nous faisait soulever le cœur. — Mon Dieu, disait l'Abbesse de St-Antoine, alors Mademoiselle de Beauvau, comme tous ces Princes philosophes ont l'air fade et comme ils sont doucereux ! On dirait qu'ils vous poissent aux doigts et que ce sont des Rois de pâte de guimauve (1).

---

(1) « M. Clérisseau, l'architecte, ayant eu l'honneur de
« travailler pour S. M. l'Impératrice de Russie, s'était imaginé
« qu'à ce titre, M. le Comte du Nord ne pouvait se dispenser
« de l'accueillir avec la distinction la plus marquée. Ayant été
« invité à se trouver dans la maison de Mme de la Reynière
« avec tous les artistes qui avaient contribué à la décoration
« de cette belle demeure, le jour où M. le Comte du Nord
« devait y venir. — M. le Comte, lui dit-il en l'abordant,
« je me suis fait écrire plusieurs fois inutilement à votre porte,

Il faut que je vous parle d'une singulière discussion que l'Impératrice Catherine et sa chancellerie des affaires étrangères avaient entrepris de soutenir contre l'opinion publique. Elle a duré longues années ; je n'ai jamais voulu prendre parti pour ou contre, et je vais me borner à vous rapporter les trois pièces du procès.

Les nouvelles *à la main* avaient publié l'article suivant (qui n'avait surpris personne), en l'année 1771 :

« Madame d'Aubans vient de mourir dans sa jo-
« lie maison de Vitry, près Paris. Elle paraissait
« âgée de plus de quatre-vingts ans. Elle habitait

« j'y suis retourné pour avoir l'honneur de vous voir et je
« ne vous ai jamais trouvé. — *J'en suis fâché, monsieur Clé-*
« *risseau : j'espère que vous voudrez bien m'en dédommager.*
« — Non, M. le Comte, vous ne m'avez pas reçu parce que vous
« n'avez pas voulu me recevoir, et c'est très mal à vous, mais
« j'en écrirai à Mme votre mère. — *Je vous prie de m'excuser,*
« *je sens, je vous assure, tout ce que j'ai perdu....* On avait
« beau le rappeler à lui-même ; la confusion de M*** et de M. de
« la Reynière était à son comble, on ne pouvait l'empêcher de
« poursuivre, et si l'on n'était parvenu à le mettre dehors, il
« gronderait encore. Ce n'est pas la première querelle de M. Clé-
« risseau avec des têtes couronnées ; il en a eu une avec l'Em-
« pereur qui ne le cède guère à celle-ci. » Ce passage est extrait
de la correspondance littéraire et philosophique de M. le Baron
Grimm, et quand on pense que ce même Comte du Nord est
devenu l'Empereur Paul, on ne saurait assez admirer les efforts
qu'il avait dû faire, afin de se plier à ce qu'on prenait alors
pour les *mœurs de la France*. Je suis fâchée qu'il n'ait pas
vu notre manière de procéder avec les philosophes et les Clérisseau, ce *farouche Autocrate !*   (*Note de l'Auteur.*)

« ce village depuis longues années, et n'était pas
« sortie de chez elle depuis la mort de M. d'Argen-
« son qu'elle avait été visiter à Versailles, où tout
« le monde ne manqua pas de l'observer avec cu-
« riosité. Elle ne laisse point d'héritiers naturels,
« et son testament désigne la Duchesse de Holstein
« pour sa légataire universelle. Il se trouve que
« cette princesse n'existe plus, ce qui cause un grand
« embarras à M. l'Abbé de Sainte-Geneviève, exécu-
« teur testamentaire de Mme d'Aubans, dont il ne
« sait comment remplir les dernières intentions,
« parce que les héritiers de la Duchesse de Holstein
« ne lui sont pas connus, et que le fisc s'est pré-
« senté pour recueillir cet héritage au profit du Roi,
« en vertu du droit d'aubaine. L'Abbé de Sainte-
« Geneviève a eu l'honneur d'obtenir une audience
« de Sa Majesté, à la suite de laquelle est arrivé
« l'ordre de cesser toute espèce de poursuites fiscales.
« On fait en ce moment la vente du mobilier et des
« autres effets de Mme d'Aubans qui, comme on
« sait, ne voyait et ne recevait jamais personne que
« son directeur et M. l'ambassadeur de l'Empire.
« Une grande foule de curieux se porte journelle-
« ment à Vitry, pour assister à l'inventaire d'une
« personne et d'une maison, dont l'attention pu-
« bliquement était si fortement préoccupée depuis si long-
« temps. Voici une pièce qui nous a été communi-
« quée par un seigneur étranger, dont les informa-
« tions partent de bonne source, et dont la sincérité
» n'est pas suspecte.

« Personne n'ignore que le Czar de Moscovie,
« Pierre Ier, avait un fils qui était le plus méchant
« des hommes, et qui avait épousé la Princesse
« Charlotte de Brunswick, sœur de l'Impératrice
« Élisabeth, femme de Charles VI.

« Le caractère du Czarowitz ne fut pas adouci par
« l'amabilité, la vertu, les grâces et l'esprit de cette
« princesse. Il la maltraitait souvent; et, chose in-
« croyable, il essaya de l'empoisonner, et récidiva
« ses tentatives jusqu'à neuf fois; mais elle fut
« heureusement secourue, si bien à propos et avec
« tant de dévouement, de sollicitude et d'efficacité,
« par son médecin, le docteur Sandick, qu'elle n'en
« perdit ni la vie ni la santé. Le Czarowitz était
« amoureux fou d'une demoiselle russe de la famille
« Nariskin, qu'il voulait épouser, et dont l'ambi-
« tion n'était pas douteuse. C'était, du reste, une
« créature aussi perverse et aussi barbare que lui.
« Ce monstre, voulant consommer son crime à
« quelque prix et de quelque manière que ce fût,
« s'emporta un jour jusqu'à frapper la Princesse
« Charlotte, et lui porter de si furieux coups de
« pied dans le ventre, qu'elle en tomba évanouie
« et noyée dans son sang. Son Altesse Royale était
« grosse de huit mois.

« Ses femmes et ses officiers accoururent, et le
« Czarowitz partit aussitôt pour aller s'enfermer
« dans une maison de campagne, étant bien per-
« suadé qu'il apprendrait sa mort le lendemain.
« Malheureusement pour cette Princesse, le Czar
« Pierre était alors dans une de ces tournées qu'il
« a faites par toutes les contrées de l'Europe. Éloi-

« gnée du Czar et de sa famille, se voyant livrée à
« la haine et à la brutalité d'un prince féroce,
« maître absolu dans une cour esclave, au moment
« de succomber par le fer ou par le poison, enfin,
« ne pouvant fuir parce qu'elle était gardée dans
« son appartement comme dans une prison, et ne
« pouvant non plus écrire à ses parens, parce que
« sa correspondance aurait été saisie, S. A. R.
« trouva sûrement que le seul moyen de se soustraire
« à la tyrannie du Czarowitz, était de faire semblant
« de mourir et de se faire passer pour morte; moyen
« qui lui fut suggéré, dit-on, par la comtesse de
« Warbeck, née Comtesse de Konigsmark, laquelle
« employa beaucoup d'argent pour gagner les femmes
« de la Princesse, et pour obtenir de son médecin
« et de son gentilhomme de la chambre, de cer-
« taines dispositions qui ne permettraient pas de
« reconnaître la vérité relativement au corps hu-
« main qui remplacerait celui de S. A. R.

« La Mme de Warbeck, Dame hanovrienne, alliée
« de la Princesse Charlotte, s'en fût annoncer au
« Czarowitz la mort de son épouse. Elle aperçut
« aisément qu'il en éprouvait une joie féroce. Il
« prescrivit de l'ensevelir promptement et de l'in-
« humer avec le moins de cérémonie possible. On
« dépêcha des courriers par toute l'Europe, et
« toute l'Allemagne porta le deuil d'une petite ser-
« vante du Palais de St.-Pétersbourg.

« La Princesse se sauva par les soins de la Com-
« tesse de Warbeck, qui lui donna pour la con-
« duire en Suède un vieux domestique de con-
« fiance; ensuite elle vint se réfugier à Paris, où

« elle espérait avec raison pouvoir se cacher avec
« moins de difficulté; mais ayant conçu des in-
« quiétudes au sujet d'un secrétaire du Prince
« Courakin, Ambassadeur du czar, qui l'avait re-
« gardée d'un air observateur et surpris, elle par-
« tit brusquement pour la Louisiane, accompagnée
« de ce domestique, qu'elle faisait passer pour son
« père, et d'une femme livonienne dont personne
« ne pouvait entendre le langage, et qui ne pou-
« vait d'ailleurs commettre aucune indiscrétion,
« parce qu'elle ne savait ni lire ni écrire. Tout
« donne à penser aussi que cette femme ne la con-
« naissait pas autrement que pour être la fille
« de cet Allemand, qui portait le nom de
« Wolf.

« A son arrivée dans cette colonie française,
« elle excita la curiosité de tous les habitans. Sa
« fortune avait l'apparence d'une honorable médio-
« crité. Sa conduite était non-seulement régulière,
« mais édifiante, et M. l'évêque de Québec en fit
« l'objet d'une remarque dans une de ses dépêches
« à M. de Maurepas.

« Un officier français, nommé le Chevalier
« d'Aubans, croit la reconnaître. Il avait été deux
« ans plus tôt solliciter de l'emploi à Saint-Peters-
« bourg, et quand il était allé par curiosité dans
« la chapelle du palais, l'air mélancolique et mal-
« heureux de S. A. R. l'avait tellement frappé, que
« son image lui était incessamment présente. Tout
« incroyable que lui paraît cette vision, il ne peut
« douter de sa réalité. Il a la prudence et la dis-
« crétion de n'en rien témoigner à la princesse,

« mais il cherche à se rendre utile au vieux M. Wolf,
« lequel avait manifesté le projet et l'intention d'é-
« tablir une habitation coloniale. Le jeune officier
« se charge de tous les arrangemens préliminaires;
« il fait réaliser une centaine de mille francs qu'il
« avait de patrimoine, en Champagne, où sa fa-
« mille est réputée pour considérable; il achète
« des terres et des esclaves; enfin, il organise et
« dispose un établissement de culture en société.

« Dans la familiarité qui s'ensuit avec Melle Wolf,
« il avoue qu'il croit la reconnaitre, et le premier
« mouvement de cette jeune femme est celui du
« désespoir; mais se rassurant sur l'expérience
« qu'elle avait faite de la prudence naturelle et de
« la discrétion de M. d'Aubans, elle lui fait jurer
« qu'il en gardera le secret le plus inviolable, et
« finit par se rassurer. Quelques mois après, les
« gazettes d'Europe annoncèrent la catastrophe
« qui venait d'arriver en Russie, et dont le dé-
« nouement fut la mort du Czarowitz. La Prin-
« cesse, sa veuve, était morte civilement, elle se
« trouva honteuse et découragée de tout ce qu'il
« fallait faire et de ce qu'il faudrait subir pour
« rentrer dans sa possession d'état. Enfin, le sen-
« timent passionné qu'elle inspirait au Chevalier
« d'Aubans n'avait pu échapper à sa pénétration,
« car il ne s'en cachait plus, il était partagé peut-
« être; et pour surcroit d'embarras, le vieux do-
« mestique venait de mourir, après avoir testé en
« faveur du Chevalier auquel il avait, de concert
« avec la Princesse, légué sa moitié d'habitation.
« Elle n'avait plus que lui pour confident, pour

« consolateur, enfin elle en fit son mari, et la
« voilà femme d'un capitaine d'infanterie dans les
« troupes de la Louisiane.

« Ne possédant pour tout bien qu'une plantation
« de trente à quarante nègres; environnée de gens
« de toutes couleurs et de mauvaise nature, et dont
« la plupart étaient la lie du genre humain, comme
« il arrive ordinairement dans les colonies nou-
« velles; oubliant parfaitement qu'elle avait eu
« pour mari l'héritier présomptif d'un empire li-
« mitrophe de la Suède et de la Chine, que sa sœur
« était Impératrice et qu'elle était fille d'un souve-
« rain, elle ne s'occupait que de son mari, avec
« qui elle partageait tous les soins qu'exigeait leur
« habitation. Ce tableau est peut-être le plus ro-
« manesque et le plus singulier qui puisse être pré-
« senté aux yeux de l'univers.

« Mme d'Aubans devint enceinte, et mit au
« monde une fille dont elle fut nourrice, et à qui
« elle apprit l'allemand avec le français pour qu'elle
« pût se souvenir un jour de sa double origine.
« Elle a vécu dix ans dans cette situation, plus
« heureuse assurément qu'elle ne l'avait été dans
« le palais des Czars, et peut-être plus contente
« que sa sœur sur le trône des Césars teutoniques.

« Au bout de ces dix années, M. d'Aubans fut
« attaqué d'une fistule, et la Princesse, alarmée
« sur le succès d'une opération qui n'était pas fami-
« lière aux chirurgiens du pays, voulut revenir à
« Paris pour y faire traiter son mari, qu'elle y
« soigna comme l'épouse la plus tendre. Il avait
« fallu vendre leur habitation coloniale, et lorsque

« la guérison du Chevalier fut assurée, ils songèrent
« à garantir à leur fille une honnête aisance : les
« fonds qu'ils avaient apportés d'Amérique n'étaient
« pas suffisans pour les rassurer sur l'avenir, et le
« mari se fit recommander aux directeurs de la
« compagnie des Indes, afin d'obtenir un emploi
« qui lui permît d'économiser le revenu de ses
« capitaux.

« Pendant qu'il était à solliciter, Mme d'Aubans
« allait quelquefois se promener aux Tuileries avec
« sa fille, et ne croyait plus risquer d'être reconnue
« de personne : il arriva qu'un jour elle y causait
« avec sa fille, en allemand ; le Comte, depuis
« Maréchal de Saxe, était venu s'asseoir derrière
« elles, et quand il entendit parler la langue de
« son pays, il s'approcha d'elles ; Mme d'Aubans
« leva la tête, et le Comte de Saxe en recula de
« surprise et d'effroi. La Princesse Charlotte ne fut
« pas la maîtresse de lui cacher son trouble ; le
« Comte de Saxe y mit une expansion si remplie
« de cordialité et si loyale, qu'elle ne put lui dissi-
« muler la part que sa tante avait prise à son aven-
« ture, et ce fut en lui recommandant bien d'en
« garder le secret le plus profond.

« Il le promit, sous la réserve de le confier uni-
« quement au Roi dont la discrétion parfaite et la
« générosité sont assez connues. Mme d'Aubans y
« consentit à la condition qu'il ne le dirait que dans
« trois mois, et le Comte de Saxe en prit l'engage-
« ment. Elle lui permit de venir quelquefois chez
« elle, mais sans suite et pendant la nuit, afin d'é-
« viter les remarques de ses hôtes et de ses voisins;

« Enfin la veille du jour où en conséquence de leur
« convention, il devait se trouver libre d'en parler
« à Louis XV, il se rendit chez la Princesse afin de
« s'y recorder sur ce qu'elle pourrait désirer plus
« particulièrement de LL. MM., mais il apprit par
« la maîtresse de la maison que Mme d'Aubans était
« partie depuis plusieurs jours pour l'île de Bourbon
« dont son mari avait obtenu la Majorité. Le Comte
« de Saxe alla sur-le-champ rendre compte au Roi
« de cette aventure inouie. S. M. envoya chercher
« M. de Machault, et devant le Comte de Saxe, de
« qui l'on tient ces détails, et sans expliquer à son
« ministre par quels motifs il agissait de la sorte,
« le Roi lui ordonna d'écrire au gouverneur de l'île
« de Bourbon pour qu'il eût à traiter Mme d'Aubans
« avec toute la faveur et la considération possible.
« Quoiqu'en état de guerre avec l'Impératrice Reine
« de Hongrie, Sa Majesté lui écrivit de sa main
« pour l'informer du sort de sa tante et des ordres
« qu'elle avait fait donner au sujet de cette Prin-
« cesse. Marie-Thérèse écrivit au Roi pour le re-
« mercier et fit écrire à Mme d'Aubans par le Prince
« de Kaunits (le Maréchal de Saxe a vu la lettre),
« afin de l'inviter à venir habiter les Etats d'Au-
« triche, mais en lui imposant la condition d'aban-
« donner son mari dont le Roi de France se réser-
« vait de prendre soin. La Princesse Charlotte ne
« voulut pas accepter cette condition, et resta pai-
« siblement à Bourbon jusqu'à la mort de son mari,
« c'est-à-dire jusqu'au mois de septembre 1755.
« Elle avait eu le malheur de perdre sa fille quel-
« ques années auparavant, et ne tenant plus à rien

« dans ce monde, elle revint à Paris en 1736,
« M. le Maréchal de Richelieu peut témoigner
« qu'il est allé, de la part du Roi, lui faire plusieurs
« visites à l'hôtel du Pérou, rue Taranne. Elle y
« logeait, lui dit-elle, en attendant qu'elle eût fait
« choix d'une communauté religieuse où elle se
« proposait de vivre dans la retraite, uniquement
« occupée de ses derniers malheurs, les seuls dont
« elle conservât un souvenir douloureux. Mécon-
« tente de n'avoir pu obtenir un logement qu'elle
« avait arrêté dans le couvent de Belle-Chasse, et
« se sentant le besoin de respirer un air libre et pur,
« elle se résolut à fixer sa résidence à la Meulière
« de Vitry, qu'elle acheta cent douze mille francs
« de M. le Président Feydeau, en l'année 1737.
« L'Impératrice Reine lui a payé jusqu'à sa mort une
« pension de 45 mille livres, dont cette excellente
« personne employait les trois quarts au soulage-
« ment des pauvres, ainsi qu'on l'apprend de M. le
« Curé de Choisy. C'est M. l'Ambassadeur impérial
« qui a fait les honneurs et conduit le deuil à ses
« funérailles, et c'est M. l'Abbé de Souvestre,
« Aumônier du Roi, qui est venu dans l'église
« paroissiale de Choisy, pour y faire l'office et l'ab-
« soute, par ordre de S. M. »

Voilà ce qui nous fut débité dans tout Paris, sans
réclamation ni contestation d'aucune autorité française et d'aucun personnage étranger ou régnicole.
On devait penser naturellement que si ce récit n'a-
vait été qu'une fable, il n'aurait pas manqué de se
trouver démenti par ordre du Lieutenant de Police,
et tout au moins par le Maréchal de Richelieu qui

se bornait à répondre avec un air distrait à ceux qui l'interrogeaient : — Ah! Mme d'Aubans... Je ne sais pas trop... Je ne vous dirai pas...

Ecoutez maintenant la réplique officielle de la grande Catherine.

OBSERVATIONS SUR L'HISTOIRE DE Mme D'AUBANS,

MORTE A VITRY PRÈS PARIS, EN 1771.

Il est bon quelquefois d'écrire des faussetés et des indignités ; elles peuvent donner lieu à mettre dans leur jour des faits que la vérité et la sagesse n'auraient pas éclaircis, sans être provoquées par la sottise. On veut parler ici de l'histoire d'une dame française à laquelle on ne saurait nier que de grands personnages n'aient témoigné les plus grands égards; mais comme ce libelle est un tissu d'assertions calomnieuses, une main auguste n'a pas dédaigné de faire les remarques suivantes sur ce conte, à qui il arrive, par cette réfutation, plus d'honneur qu'il ne mérite.

« 1° L'épouse du fils de Pierre-le-Grand n'était
« point du tout belle, mais bonne et honnête; elle
« était extrêmement marquée de la petite vérole,
« grande et fort maigre. Quoique son époux fût
« d'un caractère bizarre, il ne poussa jamais ses
« emportemens jusqu'à des brutalités et des atroci-
« tés pareilles à celles dont on l'accuse.

« 2º De ce mariage naquit Pierre II et une
« Princesse nommée Natalie, morte à dix-sept ans
« pendant le règne de son frère.

« 3º L'épouse du Césarèwitz, après ses se-
« condes couches, mourut d'une maladie de poi-
« trine à St.-Pétersbourg, en présence de l'Empe-
« reur, qui ne la quitta presque pas pendant
« les derniers jours de sa maladie. Il assista
« même à l'ouverture de son corps; elle fut em-
« baumée et enterrée à visage découvert, exposée
« très longtemps dans une salle de son palais, d'où
« elle fut transportée dans l'église de la forteresse
« de cette ville, tombeau des souverains, et où
« Pierre-le-Grand est inhumé lui-même. Voilà donc
« qui constate que Mme d'Aubans, si elle s'est dite
« être cette Princesse, n'était qu'une aventurière,
« ou bien son historien a joué d'imagination.

« 4º Cette princesse avait mené avec elle sa cou-
« sine la Princesse d'Ostfrise, qui s'en retourna,
« après avoir reçu ses derniers soupirs, en Alle-
« magne, où elle épousa un prince de Nassau.

« 5º La Comtesse de Konigsmarck, mère du
« Maréchal de Saxe, n'a jamais été en Russie, et le
« Maréchal n'y est venu que longtemps après la
» mort de l'épouse du Césarèwitz.

« 6me La Princesse était née, élevée et mourut
« dans la religion luthérienne; et Mme d'Aubans
« était si bonne catholique, selon son historien,
« qu'elle se mit ou voulut se mettre dans un cou-
« vent. Au moins aurait-il dû nous dire le lieu de
« sa conversion, ce qu'on n'a pas fait et ce qu'on
« n'avait garde de faire.

Vous voyez que la souveraine et la chancellerie de Pétersbourg ne s'étaient pas mis en grands frais de logique, et voici comme on répondit à la Czarine, en la suivant pas à pas dans ses démentis.

« 1° On n'a jamais dit que Mme d'Aubans avait
« été belle, et toutes les personnes qui l'ont vue
« n'ont pas manqué d'observer qu'elle était, non
« pas extrêmement mais un peu marquée de la
« petite vérole ; si l'on osait demander à S. M.
« l'Impératrice de Russie s'il est vrai que son mari
« la maltraitait, elle n'en conviendrait peut-être
« pas......

« 2° On n'avait rien à dire et nul besoin de
« parler des deux enfans que Mme d'Aubans aurait
« eus du Czarowitz, et non pas *Césaréwitz*, car
« Czar et Cæsar sont deux choses distinctes, et voilà
« la seule observation que mérite ce deuxième
« article.

« 3° S'il était question de la mort du Czar
« Pierre III, mari de S. M. présentement régnante,
« on pourrait nous affirmer qu'il est mort d'apo-
« plexie ; qu'il a été exposé et enterré publique-
« ment ; qu'il est inhumé dans le caveau de l'église
« de la Forteresse, où Pierre-le-Grand se trouve
« enseveli, parce que c'est la sépulture de sa fa-
« mille ; mais qu'est-ce que cela prouve ?..........

« 4° Il est vrai que la Princesse Charlotte-Louise-
« Christine-Sophie de Brunswick était arrivée en
« Russie accompagnée d'une Comtesse et non pas
« *Princesse* d'Ostfrise ; mais cette jeune personne ne
« resta que 18 mois à Pétersbourg, et son mariage

« avec un Prince de Nassau n'ajoute aucune force
« à la réplique négative.

« 5° On n'a pas dit que la Comtesse de Kœnigs-
« mark, mère du Maréchal de Saxe, ait jamais été
« en Russie ; on a dit que c'était la Comtesse de
« Warbeck, née Kœnigsmark, laquelle était *grande-
« maîtresse* de la Princesse Charlotte et tante du
« Maréchal de Saxe, ainsi qu'il est aisé de le véri-
« fier dans tous les almanachs du temps ; et, du
« reste, on ne saurait douter que le Comte de Saxe
« n'ait passé les premiers six mois de l'année 1715
« à la cour de Moscovie.

« 6° Venons à l'article de la religion de cette
« Princesse, qu'on nous dit avoir été élevée et être
« morte dans la religion luthérienne, quoiqu'elle
« fût née calviniste et qu'elle eût embrassé la re-
« ligion grecque en arrivant en Russie. Quant à
« sa dernière abjuration pour rentrer dans l'unité
« catholique, il est suffisant d'en référer à cette
« lettre de M. de Montmorency-Laval, Évêque de
« Québec, à M. le Comte de Maurepas, ministre de
« la marine en 1759, etc. »

Le mémoire est terminé par la lettre du saint mis-
sionnaire, avec un grand nombre de pièces à l'appui
du système affirmatif. Il y a de bons esprits qui sont
convaincus de l'identité ; il y a d'habiles gens qui
n'y sauraient croire, et je vous dirai, quant à moi,
que je ne sais qu'en penser; non plus que de la dis-
parition de la Comtesse de Saulx. Mme d'Egmont ne
doutait pas que Mme d'Aubans ne fût la bru du Czar
Pierre, et sa persuasion devait être appuyée sur l'opi-

nion de son père, M. de Richelieu, qui ne s'amusait pas à la tromper. Mme de Luxembourg a toujours soutenu que c'était un roman ; vous pouvez choisir en toute liberté, pour peu que le doute vous fatigue.

CHAPITRE II.

Jean - Jacques Rousseau à Ermenonville. — Le Marquis de Girardin. — Cause de l'inimitié que lui portait M. de Créquy. — Lettre de J.-J. à Mme de Créquy. — Réponse de l'auteur. — Le châtelet de Jossigny. — Disposition religieuse de Rousseau. — Sa mort. — Ses confessions et leurs variantes. — Le tombeau de Jean-Jacques et son inscription. — Épigramme du Marquis de Créquy.— La curée du cerf, anecdote racontée par Louis XVIII.

———

Pendant les joies triomphales et les agitations intérieures de M. de Voltaire, on apprit que mon pauvre Jean-Jacques était allé se réfugier sous la protection du propriétaire d'Ermenonville, qui s'appelle, ainsi que je vous l'ai dit, M. Girardin. . .
. . . .
. . . .
. . . .
. . . .
. . . .
. . . . . . A la vérité, c'était un ami de la famille le Jeune de la Furjonnière, il avait agi contre nous tant qu'il avait pu, et je crois bien que M. votre père en disait plus que moins sur son compte ; mais toujours est-il que c'était un singulier personnage en philosophie : il était le nigaud de la troupe, et je renvoie ceux qui voudraient en douter, à la lecture des inscriptions qu'il a fait

mettre dans son jardin... Je ne vous parlerai pas de M⁽ʳᵉ⁾ sa femme, attendu, premièrement, qu'il ne faut pas croire tout ce qu'on dit ; et puis, parce qu'il est des choses que je saurais tourner d'une manière honnête et convenablement.

Rousseau ne pouvait résister nulle part à son mécontentement de lui-même, à sa défiance des autres, à ses imaginations noires, au milieu desquelles il ne cessait de rêver des perfidies, des hostilités dissimulées et des trahisons (1). Il n'avait pu tenir à Montmorency chez la Maréchale de Luxembourg ; il s'était enfui d'une petite maison très commode, où les d'Épinay l'avaient fait s'établir avec sa bibliothèque et sa Thérèse ; et pourtant, il m'avait écrit du même lieu qu'il appelait son Ermitage, et dont il faisait des récits enchanteurs ; mais son contentement ne dura guère, ainsi qu'il me le témoigna par la lettre suivante :

« Madame,

« Mon inconcevable situation dont personne n'a

(1) Mon pauvre Jean-Jacques ! il était devenu tellement déraisonnable qu'il ne doutait pas que le Roi Louis XV et le Duc de Choiseul n'eussent agi par inimitié contre lui (Jean-Jacques Rousseau) et à l'instigation de Voltaire, en s'emparant de l'île de Corse ; et précisément, tandis qu'il était à rédiger un projet de constitution magnifique ! une constitution qu'il devait envoyer à M. Paoli pour les Corses, et dont les insurgens de Pologne auraient pu faire leur profit ! J'avais d'abord imaginé qu'il avait envie de se calomnier, ou de se divertir à ses dépens ; mais il en parlait le plus sérieusement du monde, et je n'avais pas le courage d'en rire. *(Note de l'Auteur.)*

« d'idée, pas même ceux qui m'y ont réduit, me
« force à entrer dans les tristes détails que je vous
« adresse et que je compte publier par la voie des
« journaux de France et de l'étranger.

« Ma femme est malade depuis longtemps, et le
« progrès de son mal, qui la met hors d'état de soi-
« gner son petit ménage, lui rend les soins d'au-
« trui nécessaires pour elle-même, quand elle est
« forcée de garder son lit.

« Je l'ai jusqu'ici gardée et soignée dans toutes
« ses maladies : la vieillesse et la faiblesse qui la
« suit ne me permettent plus de lui rendre les mêmes
« services; d'ailleurs, le ménage du pauvre, tout
« petit qu'il soit, ne saurait se faire tout seul : il
« faut se pourvoir au dehors des choses nécessaires
« à la subsistance; il faut les préparer; il faut main-
« tenir la propreté dans sa maison, et ne pouvant
« remplir ces soins à moi tout seul, j'ai été forcé,
« pour y pourvoir, d'essayer de donner une servante
« à ma femme. Dix-huit mois d'expérience m'ont
« fait connaître les inconvéniens inévitables de cette
« ressource dans une position pareille à la nôtre, et
« nous avons éprouvé que la corruption descendait
« jusqu'à mendier le secours d'une servante afin de
« nous trahir avec plus de suite et plus de sûreté.

« Réduits à vivre absolument seuls, et néanmoins
« hors d'état de nous passer du service d'autrui, il
« ne nous reste, dans les infirmités et l'abandon,
« qu'un seul moyen de nous soutenir pendant nos
« vieux jours; c'est de trouver quelqu'asile où nous
« puissions subsister à nos frais, mais exemptés
« d'un travail qui désormais surpasse nos forces,

« et de détails et de soins dont nous ne sommes plus
« capables (1).

« Du reste, de quelque façon qu'on me traite,
« qu'on me tienne en clôture formelle ou en ap-
« parente liberté, dans un hôpital des pauvres, dans
« un hospice des fous, ou dans un désert, avec des
« gens doux ou durs, faux ou francs, si de ceux-ci
« il en est encore, je consens à tout, pourvu qu'on
« rende à ma femme les soins que son état réclame,
« et qu'on nous donne le couvert, les vêtemens les
« plus simples et la nourriture la plus sobre, sans
« que je sois obligé de me mêler de rien. Nous don-
« nerons pour cela le peu que nous avons d'argent,
« d'effets et de rentes, et je pense que cela pourra
« suffire pour des provinces où les denrées sont à
« bon marché, ou bien dans les maisons destinées à
« cet usage, où les ressources de l'économie sont
« connues et pratiquées avec intelligence.

« Nous nous soumettons de bon cœur à toutes

---

(1) M. le Begue de Presle, censeur royal et docteur en médecine, était un ancien ami de Rousseau, et le médecin de ma belle-fille. Il nous a conté qu'il était allé voir Jean-Jacques à Ermenonville, environ quinze jours avant sa mort, et qu'il l'avait trouvé portant une dame-jeanne remplie de gros vin rouge, et remontant péniblement l'escalier de sa cave : — Comment prenez-vous cette peine-là, mon ami ? — *Mais je n'ai personne.....* — Et Mme Rousseau qui se porte si bien ?... — *Que voulez-vous, quand elle va dans la cave, elle y reste...*
(*Note de l'Auteur.*)

L'éditeur de la Correspondance de Grimm a cité la même anecdote, en s'appuyant sur l'autorité du Docteur le Begue.
(*Note de l'Éditeur.*)

« les privations qui sont devenues de nécessité pour
« nous (1). »

— Rousseau, mon ami, lui répondis-je, agitation nerveuse, infirmité naturelle, et peut-être artificielle ! Votre femme n'est pas tellement malade, qu'elle ne puisse aller journellement de l'Ermitage à Montmorency en se promenant, et quelquefois jusqu'à Sarcelles, afin d'en gagner plus d'appétit, dit-elle aux passans. Si vous publiez une lettre pareille à celle-ci, que ne dira-t-on point sur la puérilité de votre circulaire, où l'on verra de la vanité dolente, avec une sorte de prétention cynique ? excusez ce mot-là. Vos ennemis diront que vous n'avez pas eu l'esprit de trouver une bonne servante, ou bien que vous êtes si mauvais maître et si défiant, que vous ne sauriez la garder. Pourquoi n'avez-vous pu garder la sœur de ma laitière de Jossigny, qui est la plus honnête et la meilleure fille de la terre ? ne me direz-vous pas aussi que vingt écus de gages étaient ruineux pour vous, ou que cette fille était payée pour vous trahir ? mais trahir sur quoi ? payée par qui ? voilà ce que vous ne sauriez dire, et pour l'amour de Dieu, n'allez pas nous attirer l'embarras de répondre à ces deux questions-là ! Ce serait donner la partie trop belle à ceux qui vous guettent et dont vous attisez continuellement l'inimitié. Je

---

(1). Cette lettre a été imprimée dans les OEuvres de Rousseau, d'après une copie qu'on avait trouvée dans ses papiers, mais ces deux versions sont un peu différentes.

(*Note de l'Éditeur.*)

vous conjure et vous supplie, mon cher ami, de ne rien publier sur un projet qui me paraît déraisonnable, avant que nous en ayons causé raisonnablement, si nous pouvons ; je vous conjure et vous supplie encore une fois, mon bon Rousseau, d'aller vous établir à Jossigny où vous serez seigneur et maître, et pour entrer dans les menus détails, je vous répète encore une fois que vous y trouverez d'excellens vins dans la cave, et des sucreries à l'office, avec de belles fleurs au jardin, de bons légumes au potager, des fruits au verger, des oiseaux dans la volière et force volaille à la basse-cour ; il y a toujours de la vaisselle d'argent, des bougies, des cristaux, du linge, et de la glace avec du bois de chauffage, ainsi que toutes sortes de provisions, jusqu'à des chandelles ; ainsi vous n'aurez besoin d'y porter autre chose que vos livres et vos habits. J'irai chercher votre réponse au premier beau jour, et je vous demande en grâce de vous décider pour Jossigny (1).

Rousseau ne me répondit rien ; quand il revint à Paris, j'étais absente, et avant que je ne le pusse

---

(1) Ce châtelet, qui m'avait été légué par ma grand'mère, avait été célébré par un digne homme appelé *Messire Jacques Levasseur*, chanoine de Noyon, lequel était Aumônier de Mme de Froulay. Il y composa deux poëmes intitulés : *le Bocage de Jossigny*, et *le Rosier des Vierges*, où se trouve compris *le Verger des Nymphes*, qui fait mes délices.

« Jossigny m'a sauvé la vie en son séjour,
« Et le gai Jossigny fait l'honneur de la Brie ! »

(*Note de l'Auteur.*)

aller voir, on apprit qu'il était parti pour Ermenonville, où les Girardin avaient fait disposer un logement pour lui dans un bâtiment de service attenant à leur château. Il était logé fort à l'étroit, m'écrivait il au bout de six mois ; et, sur toute chose, il était incommodé par l'humidité de sa chambre et par le voisinage de la basse-cour.

J'appris sa mort inopinément, en sortant de la messe, aux Jacobins, et ce fut par Mme de Tingry qui ne ménagea pas les termes (1). Je lui dis de me laisser rentrer dans l'église afin d'y prier le bon Dieu pour ce pauvre philosophe, et je ne pouvais m'empêcher d'y larmoyer sous mon coqueluchon. Il était mort le 2 juillet 1778, environ six semaines après Voltaire, et ce fut par un coup d'apoplexie, en rentrant de la promenade, et vers onze heures du matin. Il était né le 28 juin 1712, à Genève, où son père était horloger-mécanicien. Il a laissé des Mémoires, où, ce me semble, il y aurait beaucoup de retranchemens à faire pour l'honneur de sa réputation ; mais il était devenu si bizarrement fou, qu'il ne m'est pas démontré que tout ce qu'il y dit contre lui soit exactement vrai. Il avait, sur une vilaine histoire de sa jeunesse, plusieurs versions de rechange, et je ne sais à laquelle de ces deux ou trois variantes il se sera définitivement arrêté ? Quand il en relisait devant moi des paragraphes et

---

(1) A. J. des Laurens, marié en 1769 à Joseph-Maurice-Annibal de Montmorency-Bouteville, Prince de Tingry, Marquis de Breval et Comte de Beaumont. Il était stupide au point d'en impatienter sa femme, et c'est beaucoup dire. (*Note de l'Aut.*)

que je l'y prenais en fraude, il me disait en rougissant qu'il avait peur d'en agir envers lui-même avec un ménagement injuste, et qu'il aurait honte de paraître meilleur qu'il ne l'était véritablement. — Mais, lui répondais-je, s'il est criminel et honteux de calomnier les autres, il ne doit pas être permis de se calomnier soi-même en écrivant les mémoires de sa vie ; on s'expose à donner mauvais exemple, et tout au moins du scandale; enfin, comment avez-vous pu varier et vous tromper sur un article pareil à celui dont il s'agit?... et c'était principalement là-dessus qu'il entrait en impatience au point de m'en impatienter. Je sais positivement qu'il existe deux copies des Mémoires ou Confessions de Rousseau qui ne sont pas semblables, et l'un de ces deux manuscrits contient des révélations tellement fâcheuses contre la secte philosophique, que je ne doute pas que les coryphées de ce parti n'emploient tous les moyens pour le soustraire à la curiosité du public (1).

(1) Les *Confessions* de J.-J. Rousseau ont été publiées en 1784; le Chevalier de Bonnivard, neveu de Mme de Warrens, n'a pas manqué de faire démentir les infamies que leur auteur avait accumulées sur cette malheureuse femme. Ce mémoire justificatif, que tout le monde peut lire, est terminé par une lettre de Claude Anet qui vivait encore au mois de juillet 1786, à Coutamines-sur-Arve, en Savoie; ainsi tout ce que Jean-Jacques nous a conté sur le mouvement de joie qu'il n'avait pu s'empêcher d'éprouver à la mort de son ami Claude Anet, en pensant qu'il allait hériter *de son bel habit noir, qui lui avait donné dans la vue,* est une fausse confession, un aveu mensonger, une invention calomnieuse à l'égard de lui-même ; ainsi, jugez du reste ? (*Note de l'Auteur.*)

M. Girardin n'avait eu garde de laisser venir un prêtre auprès de ce malheureux Jean-Jacques, et Dieu sait pourtant qu'il aurait trouvé Rousseau dans une disposition qui n'avait plus rien d'hostile à notre sainte religion. Je puis vous assurer qu'il était allé, sinon précisément se confesser, au moins conférer religieusement et fort humblement avec M. du Lau, le nouveau curé de Saint-Sulpice, environ sept à huit jours avant de quitter Paris. Il est inhumé comme un chien danois, au milieu d'une grenouillère et sur un îlot, dans une manière de sépulcre à la hauteur de trois ou quatre pieds. M. Girardin vient d'y faire graver la plus substantielle et la plus concise de toutes ses compositions : *Ici repose l'homme de la nature et la vérité !* Voilà son chef-d'œuvre en fait d'inscriptions lapidaires. — Mais puisqu'il est en si belle disposition d'enthousiasme pour la nature et la vérité, nous a dit mon fils, pourquoi se fait-il appeler le *Marquis de Girardin ?*

Monsieur, frère du Roi, se mit un jour à me raconter (je ne savais pourquoi ?) qu'il était allé chasser dans la capitainerie de Chantilly, et qu'ayant suivi le cerf à grand renfort de princes et d'officiers, de sonneurs, de piqueux, de limiers et de valets de chiens, on déboucha, par un gaulis qui longeait une mare où la bête alla se jeter aux abois, pour de là grimper sur un tertre entouré d'eau, ce qui n'empêcha pas les chiens de la poursuivre à la nage et les chasseurs de s'y rendre à gué sur leurs jambes, en barbottant dans l'eau trouble, attendu qu'on voyait du bord que deux ou trois chevaux n'y sauraient tenir, parce que c'était une manière d'îlot gros comme le poing. On y tue la bête, on l'étend sur une grosse pierre, on l'éventre, et — Tayaut! Tayaut! Tout-beau, Miraut, Ton-ra-haut! Mi-ra-haut! — Quelle est cette vilaine maison-là? demanda quelqu'un. — C'est le château d'Ermenonville. — Comment donc, serions-nous dans *la fameuse île des Peupliers?*...... — Imaginez que, sans se douter de rien, poursuivit Monsieur d'un air hypocrite et malicieux, on avait fait la curée sur le tombeau de l'illustre Jean-Jacques! Mme de Simiane, à qui j'ai conté cette profanation, s'en est évanouie d'émotion philosophique et de chagrin. Je sais que vous avez protégé Rousseau, reprit-il en sous-œuvre, mais je ne vous crois pas de ces pèlerines à Ermenonville qui vont y chanter la complainte de *la rose sur le monument*; comment trouvez-vous notre aventure?

— Monseigneur, il est très vrai que j'affectionnais Rousseau, lui répondis-je avec un sérieux qui l'étonna; mais je n'ai pas bien compris ce que m'a dit Monsieur; je n'entends rien aux finesses de vénerie non plus qu'aux termes de chasse, et je n'y saurais trouver le mot pour rire.

CHAPITRE III.

Histoire du philosophe Paul Olavidez. — Roman de sa vie par Cagliostro. — Les négocians espagnols. — Singulier procès entre deux maisons de commerce. — L'Infante Ouraque de Castille. — Le Comte d'Aranda. — Maxime de ce diplomate. — Générosité d'un stathouder. — La vérité sur l'inquisition. — Ses poursuites contre le Comte d'Olavidez. — Sentence de ce tribunal. — Condamnation par le Saint-Office et liste de ses familiers. — Le Cardinal de Brienne. — Les reliques en bracelet à la mode d'Espagne.

Toute l'Europe, et surtout la France philosophique, était fort occupée de la punition du philosophe Soarez-Olavidez qui venait d'être condamné par le tribunal du Saint-Office. C'est le dernier jugement qui ait été porté solennellement par l'Inquisition d'Espagne, et l'on verra qu'il ne fut ni meurtrier ni sanguinaire. Dans ces sortes de procès pour hérésie, fausse doctrine ou sacrilége, le rôle des juges ecclésiastiques à qui les lois de l'Église ont toujours interdit de participer à l'effusion du sang humain, s'est toujours borné, quoi qu'on ait pu dire, à vérifier un délit sous les rapports de la doctrine ou de la profanation des choses saintes; les inquisiteurs proprement dits, instruisaient le procès dogmatique, interrogeaient l'accusé, constataient son innocence ou le déclaraient coupable, et s'en tenaient là. S'il avait été condamné par l'Inquisition, c'était l'autorité séculière qui venait s'emparer du coupable, afin de le poursuivre au nom des lois civiles ; et si l'application des pénalités légales était par trop sévère, c'était, comme on voit, la faute du législateur et non pas celle de l'Inquisition, qui n'a jamais ni condamné ni pu condamner personne à mort, à moins de vouloir encourir la peine d'excommunication majeure, *ipso facto*, dans son président, ses assistans et leurs familiers, aux termes de la Décrétale *Missus à Deo,* qui a réglé cette matière.

Il est vrai que dans les angoisses et les sombres tourmens où l'on était sur les effets du calvinisme, le Roi Philippe II et son successeur avaient établi contre les hérésiarques, un Code de procédure infiniment rigoureux, avec des pénalités qu'on pourrait appeler cruelles ; mais c'étaient des lois civiles appliquées par des laïcs, et non pas des lois religieuses invoquées par des ecclésiastiques : il en est de l'Inquisition comme de l'exécution politique de la Saint Barthélemy, où la religion n'a fourni qu'un prétexte ; et du reste, il est à remarquer qu'à l'époque où nos philosophes se sont mis à déclamer contre le Saint-Office et les inquisiteurs d'Espagne, il y avait déjà long-temps qu'on avait adouci la sévérité de ces lois castillanes ; on mettait les hérétiques et les écrivains sacriléges en prison, ce qui me paraît la moindre chose, mais vous pouvez être assuré que depuis longues années on ne les brûlait plus.

Pablo Soarez-Olavidez était le fils d'un riche négociant péruvien, qui recevait des mauvais livres en contrebande et qui s'avisa d'envoyer son héritier auprès de son père (aïeul de Pablo), qui tenait à

Cadix, un des comptoirs les mieux réputés de l'Europe marchande. Il eut occasion de faire un voyage à Madrid..... Mais j'aime mieux vous laisser conter la première partie de son histoire par M. le Comte de Cagliostro qui, disait-il, en avait écrit le récit sous sa dictée. Vous savez à quelle intention le Prince Ferdinand de Rohan m'avait fait confier la plus grande partie des manuscrits dudit Cagliostro, dont j'avais traduit les mémoires pour les faire connaître au Roi Louis XVI; enfin voici la traduction de ce morceau biographique dont j'avais fait l'extrait pour mon propre compte, et parce que j'y voyais la peinture d'un caractère intéressant par son originalité, parmi nous autres Français du moins; car j'avais toujours entendu remarquer que l'ancien type de l'honorable commerçant ne se trouvait plus qu'en Espagne où l'on n'entend jamais parler d'une banqueroute indigène. C'est Cagliostro qui va faire parler Pablo Soarez, lequel est devenu Comte d'Olavidès et Titré de Castille.

« Je suis né d'une ancienne famille de commerce
« originaire de Valence, à Potosi de la Plata, en
« 1723, mais je ne restai pas long-temps dans notre
« comptoir d'Amérique, succursale de notre comp-
« toir de Cadix. Mon père avait su que je m'étais
« emparé d'un livre français que je m'essayais à
« déchiffrer; il se trouva que c'était un Traité phi-
« losophique sur l'existence de l'âme des femmes,
« et l'auteur était d'avis que les femmes étaient
« animées par une sorte d'esprit analogue à celui
« du démon. Ce volume était arrivé chez nous, en
« pacotille, et l'auteur de cet ouvrage avait nom le

« Révérend Père Bougeant. Ma mère avait déjà
« rendu son âme à Dieu j'espère, et la conscience
« de son mari s'alarma tellement des mauvaises
« dispositions qu'il me supposait, qu'il prit le parti
« de m'envoyer en Europe auprès de son père, à
« lui, lequel était, comme vous savez, un des plus
« riches négocians de Cadix. J'étais âgé pour lors
« de 17 à 18 ans.

« Mon grand-père Soarez a toujours été d'hu-
« meur défiante et rigide, il exigeait que je ne fusse
« occupé que de ses affaires, et ne permettait pas
« que je prisse la moindre part aux divertissemens
« de mon âge; ainsi je n'allais jamais au spectacle,
« et le dimanche, je n'étais jamais pour rien dans
« ces agréables parties champêtres ou maritimes,
« qui sont toujours si goûtées dans nos villes de
« commerce, et qui dédommagent un peu les mal-
« heureux négocians de la fatigue et des ennuyeux
« travaux du reste de la semaine.

« Cependant, comme l'esprit a naturellement
« besoin de variété, je cherchai mon délassement
« dans la lecture, et pour cette fois, ce ne fut pas
« dans celle des livres philosophiques, mais dans
« les romans nationaux. Le goût que j'y pris me
« donna la plus grande disposition pour la ten-
« dresse; mais comme je sortais fort peu, et que
« je ne voyais jamais d'autres femmes que ma
« grand'mère et sa duègne (à moins que ce ne fût
« dans les églises et dans les rues), je n'avais pu
« trouver aucune occasion pour disposer de mon
« tendre cœur, et je n'étais encore amoureux que
« de l'amour.

« Il arriva que mon grand-père eut quelques ré-
« clamations à poursuivre auprès du Conseil su-
« prême des Indes, et c'était une bonne occasion
« pour me faire connaitre à nos correspondans de
« Madrid. Il m'annonça son intention de m'ex-
« pédier en Castille, et je fus enchanté d'aller res-
« pirer le grand air, en dehors des grillages de no-
« tre comptoir et de la poussière de nos magasins.
 « Lorsqu'on eut disposé toutes les écritures et
« les documens indispensables pour mon voyage,
« mon grand-père me fit entrer dans son cabinet
« et me tint ce discours :
 « —Je vous ai déjà dit que je vous regardais comme
« mon principal héritier, et qui plus est, comme
« si vous étiez mon associé! Vous saurez que Ma-
« drid est une place de commerce où les négocians
« ne sont pas comme ici les premiers de la ville ;
« j'ajouterai qu'ils ont besoin d'une conduite pru-
« dente et bien réglée pour ne pas y compromettre
« la dignité d'une profession qui contribue si
« puissamment à la gloire et la prospérité de leur
« pays.
 « Voici trois préceptes que vous observerez
« fidèlement, sous peine d'encourir mon indi-
« gnation.
 « Premièrement, je vous ordonne d'éviter la
« compagnie des Nobles. Ils croient nous faire
« beaucoup d'honneur lorsqu'ils nous font la ré-
« verence et nous adressent quelques mots de
« politesse; il ne faut pas les entretenir dans cette
« illusion-là. Vous pensez bien que notre crédit,
« ou, si vous voulez, notre mérite, est tout-à-fait

« indépendant de ce que peut nous dire un Titre
« de Castille ou un Chevalier de Calatrava.

« Secondement, je vous ordonne de vous faire
« appeler Pablo Soarez tout court, et non pas Don
« Pablo Soarez-Olavidez. Le titre de Don n'ajoute
« rien à la gloire d'un négociant, qui consiste ex-
« clusivement dans l'étendue de ses relations com-
« merciales et la sagesse de ses entreprises.

« Troisièmement, je vous défends de porter l'é-
« pée; vous devez vous rappeler que l'honneur
« d'un négociant consiste tout entier dans son
« exactitude à remplir ses engagemens; et c'est
« pour cela que je n'ai jamais voulu vous laisser
« prendre une seule leçon d'escrime.

« Si vous contreveniez à l'une ou l'autre de ces
« trois obligations, vous encourriez par là toute
« mon indignation; mais il en est une quatrième
« à laquelle vous devez obéir sous peine d'encou-
« rir, non-seulement mon indignation, mais en-
« core ma malédiction, avec celle de mon père et
« celle de mon grand-père, lequel était votre bi-
« saïeul et le respectable auteur de notre fortune.
« Le point dont il s'agit est de n'avoir jamais, di-
« rectement ni indirectement, aucune espèce de
« communication volontaire avec la maison des
« frères Ferraz, banquiers de la cour.

« Cette défense pourra vous surprendre, attendu
« que les frères Ferraz jouissent de la meilleure
« réputation, et je dois ajouter qu'ils justifient
« pleinement leur bonne renommée d'opulence et
« de probité; mais vous ne serez pas étonné de ma
« recommandation lorsque vous saurez quels sont

« nos griefs contre eux ; et voilà pourquoi je veux,
« en peu de mots, vous faire l'histoire de notre
« maison.

« L'auteur de notre fortune fut Domingo Soarez,
« qui, après avoir passé sa jeunesse à courir les
« mers, prit une part considérable dans l'apalte
« des mines du Pérou, dont nous conservons la
« seizième, (elle est manipulée par votre père avec
« intelligence,) ensuite de quoi Domingo vint s'é-
« tablir à Cadix et fonda sur ladite place une mai-
« son de commerce sous la raison Soarez et com-
« pagnie.

« En conséquence de son entreprise, il rechercha
« l'amitié des principaux négocians de l'Espagne ;
« les Ferraz jouaient déjà dans ce temps-là un assez
« beau rôle, et mon aïeul Domingo ne manqua
« pas de les informer de son intention pour entrer
« avec eux dans une suite de relations et d'opérations
« lucratives ; ils lui répondirent de la manière la
« plus bienséante, et pour entrer en affaires, il fit
« des fonds sur Anvers en tirant sur la maison
« Ferraz.

« Jugez quelles furent la surprise et l'indignation
« de mon grand-père lorsque sa traite lui fut ren-
« voyée avec protêt ! Il est vrai que, par la poste
« suivante, il reçut une lettre remplie d'excuses.
« Ruiz Ferraz lui mandait qu'il s'était trouvé à
« Saint-Ildefonse auprès du ministre, et que la let-
« tre d'avis ayant été retardée de quatre jours, son
« premier commis n'avait pas cru devoir s'écarter
« de la règle invariable du comptoir. Ruiz Ferraz
« ajoutait qu'il n'y avait sorte de réparations aux-

« quelles il ne voulût se prêter; mais l'offense était
« faite. Domingo Soarez rompit toute espèce de
« commerce avec les Ferraz, et en mourant, il re-
« commanda à son fils de ne jamais entretenir au-
« cune relation avec eux.

« Luiz Soarez, mon père, obéit pendant long-
« temps à la volonté du sien; mais le malheur des
« temps et les nombreuses banqueroutes occasion-
« nées par les guerres de la Succession, qui dimi-
« nuèrent inopinément le nombre des maisons de
« commerce, le forcèrent, en quelque sorte (il ne
« m'appartient pas de le juger rigoureusement), à
« correspondre avec cette première maison de Ma-
« drid; il ne tarda pas à s'en repentir, ainsi que
« vous en conviendrez bientôt.

« Je vous ai déjà dit que nous avions part à
« l'exploitation des mines du Pérou, et cette cir-
« constance mettant entre nos deux établissemens
« force lingots, nous avions pris l'habitude de les
« employer à nos paiemens, qui, moyennant cela,
« n'éprouvaient jamais les variations du change. A
« cet effet, nous avions fait confectionner des caisses
« en bois de cèdre qui contenaient chacune cent
« livres d'argent; ce qui, comme vous savez, repré-
« sente à peu près deux mille sept cent cinquante-
« sept piastres fortes et six réaux. Vous avez pu voir
» encore et vous avez dû remarquer quelques-unes
« de ces vieilles caisses au magasin n° 77. Vous
« aurez vu qu'elles étaient solidement garnies en
« fer, et j'ajouterai qu'elles étaient munies de ca-
« chets plombés à la marque de notre comptoir.
« Dans ce temps-là, chacun se moquait, dans tous

« les pays, de certains banquiers et négocians an-
« glais, qui se donnaient les airs d'avoir des ar-
« moiries. Enfin, chacune de ces caisses avait son
« numéro général de série et son numero d'ordre
« particulier; elles venaient en Europe et retour-
« naient aux Indes, ou s'en allaient en Orient, sans
« que personne eût jamais songé à les faire ouvrir
« pour en vérifier le contenu ; ce qui témoigne assez
« qu'on les recevait dans tous les pays du monde
« avec une confiance parfaite, et ce qui prouve aussi
« qu'elles devaient être assez connues par les négo-
« cians de Madrid.

« Cependant il arriva qu'un Vice-Roi du Mexi-
« que ayant à faire un remboursement à la
« maison Ferraz, y fit déposer quatre de nos
« caisses, et que le principal caissier les fit non-
« seulement ouvrir, mais qu'il en fit essayer l'ar-
« gent.....

« Lorsque la nouvelle de cet outrageant procédé
« parvint à la bourse de Cadix, mon père en res-
« sentit la plus vive indignation ! A la vérité, par
« la poste suivante, il reçut une lettre d'Antonio
« Ferraz, fils de Ruiz, lequel alléguait, pour s'ex-
« cuser, qu'il avait été mandé à Valladolid où se
« trouvait la cour, et qu'à son retour à Madrid, il
« avait sévèrement blâmé la conduite de son pre-
« mier caissier, lequel, étant Français, ne connais-
« sait pas encore les coutumes d'Espagne à l'égard
« de la maison Soarez et compagnie.

« Mon père ne se contenta pas de ces excuses,
« il rompit tout commerce avec les Ferraz, et en
« mourant, il me recommanda par-dessus toute

« chose de n'avoir avec eux aucunes relations de
« commerce.

« Pendant longues années, j'obéis à l'ordre de
« mon père et je m'en trouvai bien, mais par une
« circonstance imprévue, je me trouvai dans un
« rapport indirect avec les Ferraz et vous verrez ce
« qu'il en résulta.

« Quelques affaires m'avaient obligé d'aller à
« Barcelone où je fis connaissance avec un certain
« Livardez, négociant retiré des affaires et vivant
« de ses capitaux, qui du reste étaient considérables.
« Ce vieux homme avait dans le caractère quelque
« chose de rangé, d'exact et de préoccupé, qui
« convenait au mien. Notre liaison était déjà for-
» mée lorsque j'appris que Livardez était l'oncle
« maternel de Sancho Ferraz, alors chef de cette
« maison. J'aurais dû la rompre, mais je ne le fis
« point, hélas! et je crois devoir vous confesser
« que je n'en tins compte, en disant, à part moi,
« qu'il n'était pas de cette famille.

« Par un beau soir, en nous promenant sur le
« port de Barcelone, après avoir causé sur les
« chances à courir et les bénéfices à présumer dans
« les armemens pour les Antilles, Levardez me
« dit que, sachant avec quelle intelligence je fai-
« sais le commerce des Philippines, il y voulait
« mettre un million de piastres à titre de com-
« mandite.

« Je lui représentai qu'étant l'oncle des Ferraz,
« il devrait avoir eu l'idée de leur confier ses fonds
« plutôt qu'à moi.

« — Je ne me soucie pas, répondit-il, de faire

« des affaires avec mes parens et surtout avec les
« Ferraz à qui je compte laisser toute ma fortune.
« Ce serait m'exposer à des embarras pour la ren-
« trée de mes valeurs, avec des retards ou des
« procédés ruineux et des délicatesses qui me seraient
« insupportables. Il me parla si raisonnablement
« qu'il sut me persuader, et d'autant mieux que,
« par-là, je n'entrais véritablement dans aucune
« relation d'affaires avec les Ferraz. Enfin, de
« retour à Cadix, au moyen du million de ce bon
« Livardez, j'ajoutai un navire aux deux autres
« que j'envoyais aux Philippines, après quoi je n'y
« pensai plus.

« L'année suivante, il arriva que le pauvre Li-
« vardez mourut, et Sancho Ferraz m'écrivit
« qu'ayant trouvé sur les registres de son oncle
« qu'il avait placé un million chez moi, il me
« priait de le passer à son ordre. J'aurais pu l'ins-
« truire de nos conditions à l'égard de la comman-
« dite, mais je ne voulais rien avoir à démêler
« avec les Ferraz, et je renvoyai le million pure-
« ment et simplement.

« Mes vaisseaux revinrent des Philippines au
« bout de 27 mois et mon capital avait triplé ; il
« devait donc revenir encore deux millions au dé-
« funt Livardez ou ses ayans-cause ; il me fallut
« entrer forcément en correspondance avec ces en-
« nemis héréditaires, et je leur écrivis qu'ils avaient
« à tirer sur moi pour deux millions.

« Voilà que ces gavaches me font répondre que
« le capital réclamé par eux comme héritage de
« leur oncle étant encaissé depuis deux ans, il en

« résultait que c'était une affaire finie et qu'ils ne
« voulaient plus en entendre parler....

« Vous pensez bien que je dus considérer ce refus
« des Ferraz comme une sorte d'insulte, ou tout au
« moins comme une impertinence ; car c'était abso-
« lument comme s'ils avaient voulu me faire un don
« gratuit de ces deux millions. J'en parlai d'abord
« à quelques négocians de Cadix, mais ils préten-
« dirent que les Ferraz avaient raison, et qu'ils
« étaient en droit de refus, par la raison qu'on ne
« doit jamais participer au bénéfice d'un capital
« encaissé. Moi je soutenais et je m'offrais à prou-
« ver que le capital de Livardez était réellement
« demeuré sur mes vaisseaux, et que s'ils avaient
« péri, corps et biens, j'aurais eu droit à me faire
« rendre le million que j'avais remboursé préala-
« blement ; mais je vis bien que le nom des Ferraz
« en imposait, et que si je demandais une junte
« de négocians, leur paréré me serait défavorable.

« J'allai consulter plusieurs avocats. Ils me di-
« rent :

« 1° Que les frères Ferraz ayant retiré ce capi-
« tal, au mépris de la condition commanditaire,
« et contrairement à la volonté de leur oncle dé-
« funt, et que moi, son associé pour la comman-
« dite, ayant employé le million suivant l'intention
« dudit oncle, le dit capital était légalement, posi-
« tivement et incontestablement resté sur mes
« navires.

« 2° Que le million encaissé par les Ferraz était
« un million qui différait absolument d'origine,
« attendu qu'il était provenu de ma caisse, et que

« ledit million ne pouvait être considéré judiciai-
« rement comme ayant aucun rapport avec celui de
« Livardez. Mon premier avocat me conseilla for-
« tement de faire assigner les Ferraz à l'audience
« de Séville, et je n'y manquai pas. J'ai plaidé
« contre eux pendant six ans; il m'en a coûté
« soixante mille piastres fortes; enfin j'ai perdu
« mon procès devant le conseil suprême de Castille
« et les deux millions me sont restés.

« J'ai d'abord eu l'idée d'en faire quelque fon-
« dation charitable, mais j'ai eu peur que le mérite
« ne s'en trouvât réparti sur ces maudits Ferraz.
« En attendant, quand je fais mon bilan général,
« à la fin de chaque année, je mets toujours ces
« deux millions de moins dans mon actif.

« Vous voyez, mon fils, si j'ai de bonnes raisons
« pour vous interdire toute espèce de rapports avec
« une maison par qui la nôtre a souffert des con-
« trariétés si nombreuses et si mortifiantes! »

A présent moi, soussignée Victoire de Froulay, douairière de Créquy, je vous dirai que M. d'Aranda m'a certifié que ce débat judiciaire entre les pointilleux Soarez et les honorables Ferraz était la chose du monde la plus véritable, et sur tous les points du rapport ci-dessus qui fut publié dans plusieurs journaux du temps, et notamment dans la Gazette de Leyde, au mois de février 1747. Ce fut là un bon exemple à mettre sous les yeux des Hollandais, ajoutait le Comte d'Aranda qui avait été plénipotentiaire d'Espagne en Hollande, où le Stathouder Guillaume avait fait vendre la vache et la couchette d'une pauvre femme qui lui devait quatre florins, c'est-à-dire, environ sept livres et neuf sous de notre monnaie. — Noble Prince d'Orange ! honorable et généreuse famille !

Je ne suivrai pas le charlatan palermitain dans le reste de la biographie du Segnor Don Pablo Soarez y Olavidez y Brandariz, dont le père avait obtenu par le crédit du Marquis de Florida-Blanca, ce qu'on appelle en Espagne un titre de Castille. Cagliostro supposait qu'en dépit des injonctions de son aïeul, il était devenu passionnément amoureux de la fille aînée de Sancho Ferraz, et que les frères de cette jeune personne avaient entrepris de le faire battre en duel, étant persuadés qu'il n'agissait ainsi que par esprit de vengeance et pour déconsidérer leur maison de commerce. L'érudition de M. d'Aranda n'allait pas jusqu'à la fin de ce roman, et je nesais ce qu'il en faut croire ; mais, quoi qu'il en fût de M. d'Olavidez et de son mépris pour la malédiction de son bisaïeul Domingo Soarez qui avait pris une part dans l'apalte des mines, après avoir parcouru les mers, toujours est-il vrai qu'il était venu s'établir à Paris avec sa femme, la Comtesse Ouraque Dardarada-Los-Rios, qui ressemblait à une grande épingle noire (1). On les

(1) On trouve dans les historiens espagnols une chose assez curieuse au sujet de ce nom d'*Ouraque,* qui est celui d'une sainte wisigothe. C'est que le Roi de Castille Alphonse *le Noble,* avait une fille de ce nom-là qu'il aurait voulu faire épouser à notre Roi Louis VIII, surnommé *Cœur-de-Lion.* Cette Infante de Castille était l'aînée de ses trois sœurs ; mais Philippe-Auguste ne voulut pas que la femme de son fils portât ce vilain prénom

apercevait quelquefois à l'hôtel de Choiseul; mais on ne se souciait pas de les voir chez soi, parce que la Duchesse de l'Infantado ne les recevait point, et surtout parce qu'ils allaient trop souvent chez les d'Holbach et la demoiselle Lespinasse. Ils allaient aussi chez Dalembert, et recevaient Diderot; ce qui était la plus mauvaise compagnie possible pour des Espagnols, et ce qui paraissait effrontément philosophique.

Aussitôt que M. d'Aranda fut nommé Président du conseil de Castille, il fit revenir son ami d'Olavidez en Espagne, afin de lui confier la direction d'une colonie qui s'appelait la Carlotte, et qu'on voulait établir dans la Sierra-Morena. On apprit, quelques années après, qu'il avait été pourvu de l'Intendance de Séville : mission de confiance, et témérité qui scandalisa beaucoup les vieux Castillans ! Au reste, M. d'Aranda proférait souvent un apophthegme qui suffirait pour mettre à l'abri, dans ces sortes de nomination, la responsabilité morale du Roi Charles III. — *El si, el no suon del ministro*, disait-il; *El como y el quando, del oficial; La mesa y el papel, de la nacion; La pena y la tinta, del Rey*. Le oui ou le non viennent du ministre; le quand et le comment, du commis; le pupitre et le papier, de la nation; le Roi n'y met du sien que la plume et l'encre. Je me souviens d'avoir entendu dire qu'en recevant le paquet qui devait contenir sa nomina-

d'Ouraque; il fit écrire au Roi son neveu qu'il aimerait mieux la Princesse Blanche, sa fille cadette; et celle-ci fut la mère de Saint-Louis. (*Note de l'Auteur.*)

tion de premier ministre (c'était à Jossigny chez ma belle-fille, au milieu de la nuit), il commença par baiser avec un air de profond respect, le sceau royal des Espagnes et des Indes, et puis il se mit à dire, en déposant la dépêche auprès de son lit, sans la décacheter : — *Lo mismo diran magnana :* Elle dira la même chose demain matin. Il avait de l'esprit à merveille, et ceci n'a pu l'empêcher de faire des sottises en quantité, par la raison qu'il était devenu philosophe économiste. Mais retournons à la poursuite intentée par l'Inquisition contre le protégé de M. d'Aranda.

On avait procédé pendant six mois à l'instruction de son procès, et le seul rapport de son affaire ne dura pas moins de quatorze séances. Les principaux griefs étaient au nombre de 240, et furent appuyés sur les déclarations et l'affirmation de 78 témoins.

Ayant été convaincu (par l'Inquisition) d'hérésie blasphématoire et de profanation sacrilége, il fut condamné (par l'Oydor et son tribunal séculier) à huit années de réclusion dans un couvent. Il fut prescrit de l'y faire jeûner, pendant la première année, tous les vendredis de chaque semaine, à moins qu'il ne pût en souffrir sous le rapport de la santé, ce qui serait soumis à la décision d'un médecin, nommé par le Majordome de S. M. Catholique et payé par la couronne de Castille, ainsi qu'un directeur expérimenté qui serait désigné par le Patriarche des Indes, et qui ne perdrait pas de vue le condamné Pablo Soarez-Olavidez, en ayant soin de l'entretenir dans un sentiment de résipiscence et de contrition. Le même tribunal ordonnait à ce directeur inconnu, de fortifier son pénitent par le bon exemple, et de l'instruire attentivement sur tous les points de religion qu'il aurait ignorés ou pu méconnaître. Il enjoignait aussi de lui faire réciter ses prières quotidiennes avec une régularité scrupuleuse, et de lui faire lire le *Guide des pécheurs* du Révérend Père Luiz de Grenade. Il devait réciter à genoux, tous les dimanches, un *credo;* voilà pour les prescriptions judiciaires, et voici pour le reste de sa punition.

Il fut déclaré déchu de ses priviléges de noblesse, incapable de posséder aucun emploi de la couronne ou charge publique; privé de son titre majoral et castillan de Comte Olavidez, ainsi que de la croix de l'ordre de Sant-Iago. Défense à lui d'user dorénavant et jusqu'à la fin de sa vie, quand il aurait fini ses huit années de clôture, d'aucun habit en soie, velours, ou tissus d'or et d'argent; comme aussi de galons, broderies, pierreries et bijoux de métal. Défense à lui de porter des armes non plus que des armoiries; de voyager à cheval, et d'approcher à la distance de moins de 50 milles de toutes les maisons royales en Espagne, ainsi que de la cité de Séville et de celle de Lima, où il avait reçu le grade de Docteur ès-lois. Ses biens furent saisis et confisqués, au profit du Roi, ce qui va sans dire, et ce qui dénote assez l'origine de cette pénalité fiscale.

Après avoir entendu ladite sentence à genoux, tenant à deux mains une torche en cire verte, et dans son costume habituel, sans la chasuble à croix de Saint-André, ni le san-benito, ce qui n'était plus d'usage et de costume pénitenciel, à ce qu'il paraît, on le reconduisit au palais du Saint-Office, où les docteurs de l'Inquisition reçurent son abjuration solennelle, avec sa profession doctrinale et catholique, en 28 articles, sur lesquels avaient porté son interrogatoire et sa condamnation.

En conséquence de cet acte de soumission religieuse, il fut absous de l'excommunication qu'il aurait encourue s'il avait persisté dans ses erreurs dogmatiques, et sa *réconciliation* fut opérée suivant toutes les formalités suivies dans la primitive Église, ainsi qu'elles sont ordonnées dans les saints canons. On a soutenu philosophiquement qu'il avait été battu de verges, mais ceci consista seulement dans l'application de la *vindicta*, baguette blanche, dont quatre assistans lui donnèrent cérémonialement et légèrement de petits coups sur les épaules pendant qu'on psalmodiait le *Miserere mei, Domine!*

En entendant prononcer cette partie de l'arrêt qui le dépouillait de son titre de Castille, il eut une syncope et tomba de dessus la sellette; on le releva baigné de larmes, on lui fit boire du vin d'Alicante mêlé de jaunes d'œufs et de poussière de sucre candi (cordial de tradition pour le Saint-Office), et d'après l'amertume de ses gémissemens, on dut augurer favorablement de son repentir. Ses erreurs étaient nombreuses et des plus extravagantes; il ne voulait pas croire à la nécessité de pratiquer le vi^e précepte du Décalogue, non plus qu'à l'existence d'un mauvais principe et d'une éternité malheureuse. On avait saisi le *Dictionnaire philosophique* de Voltaire, adressé par la poste, sous son couvert, et la violence de ses déportemens contre le clergé régulier et séculier de l'Andalousie, méritait certainement la punition la plus exemplaire. Voici la liste des principaux personnages qui furent convoqués et réunis solennellement pour assister au procès et signer la sentence du Saint-Office. Le Cardinal Patriarche des Indes et Grand Inquisiteur; douze juges de l'ordre de Saint-Dominique; douze Docteurs de l'université de Salamanque, assistans des Dominicains; le Duc de Grenade, grand Maréchal de la sainte Inquisition pour la foi; le Duc d'Albe, Porte-bannière du Saint-Office; les Ducs de Frias, de Hijar et d'Abrantès, Grands d'Espagne et familiers de l'Inquisition; le Marquis d'Avis, le Comte de Mora et le Comte de la Corogne, Titrés de Castille; sept Conseillers des deux conseils suprêmes et deux Conseillers des ordres royaux; le Premier-Official de la guerre; l'Abbé régulier de Saint-Martin et celui de Saint-Basile, assistés de quatre religieux de leurs congrégations; le Prieur de l'Escurial; deux Trinitaires; deux Pères de la Mercy; le Supérieur-Général de l'ordre des Capucins; quinze chanoines gradués en théologie, et finalement cinq Chevaliers de l'ordre royal de l'Immaculée Conception, dit de Charles III. On voit que tout cela n'était pas des gens sans consistance, et tout donne à penser qu'ils n'étaient pas non plus dépourvus d'honneur et d'équité.

Cette victime de l'intolérance et de l'ignorance a trouvé moyen de se libérer de la prescription du jeûne pour le vendredi, ainsi que de l'obligation du *credo* pour le dimanche, car on ferma les yeux sur sa fuite et son embarquement auprès de Gibraltar. A la sollicitation du Cardinal de Brienne, autre philosophe, Olavidez a fini par obtenir la restitution de ses biens confisqués, ainsi que la permission de séjourner en France, et du reste il avait eu la précaution de s'y constituer, longtemps avant son procès, une rente de quarante-cinq mille écus, en viager, et la moitié reversible sur la tête de son Ouraque. Celle-ci n'avait pas été jugée condamnable, et n'en resta pas moins la Comtesse d'Olavıdez et Brandariz, avec des reliques de sa patronne dans les médaillons de son collier et de ses bracelets. Elle s'arrêtait et s'interrompait quelquefois subitement au milieu de sa conversation pour baiser ces petits reliquaires en faisant le signe de la croix et marmottant des patenôtres. Ils étaient d'un pays où les choses et les gens vont toujours à l'extrême. — J'ai trouvé, disait mon oncle de Tessé, qu'il y avait deux sortes de gens en Espagne, tous ceux qui ne sont pas athées font excommunier les guêpes et les chenilles de leur jardin.

CHAPITRE IV.

Adrienne de Noailles, Comtesse de Tessé. — Son genre d'esprit. — Inconvéniens de son caractère. — Marie de Brancas, Comtesse de Rochefort et depuis Duchesse de Nivernais. — Son éloquence naturelle. — Son parallèle avec Mme de Tessé, par M. de Vaines. — Le soufflet de Mme de Forcalquier. — Le chevalier de Pougens. — Son origine présumée. — Engouement épidémique. — Étymologies curieuses. — Digression sur les bâtards. — Priviléges des bâtards issus des Princes. — Des économistes politiques. — M. Turgot. — Noblesse de sa naissance et simplicité de ses habitudes. — Lettre de M. de Maurepas et réponse de M. Turgot. — Le Vicomte de Choiseul. — Lettre pseudonyme écrite par lui. — Le fils de l'auteur est mis à la Bastille. — Exil du Vicomte de Choiseul.

Il y a long-temps que je voudrais vous parler de Mme de Tessé (Adrienne de Noailles), mais je me sens toujours arrêtée par les choses qu'il faudrait en dire. Elle est Comtesse de Tessé, femme du chef de ma famille, et puis j'aime les Noailles, et voilà deux raisons pour me retenir. Elle n'a jamais eu d'enfans, la *philosophe* qu'elle est !.... La maison de Froulay va s'éteindre, et si elle n'était pas la fille de son père et la femme de mon neveu, il me semble que je la houspillerais joliment! Ce n'est pas qu'elle ne soit digne d'estime sous un certain rapport que les héritiers de son mari doivent considérer comme le plus essentiel : ne vous y trompez point ; mais c'est qu'elle a toujours été follement déraisonnable par esprit de système, et qu'elle est devenue sceptique sur toute espèce de choses, exceptée l'infaillibilité de son jugement. Pendant tous ses débats avec la Duchesse de l'Infantado, relativement à Mlle de Tott (ce qui serait ennuyeux à vous raconter) (1), je lui disais toujours qu'elle avait eu nécessairement, dans tout cela, des torts dont elle ne parlait pas, et que j'aimais mieux croire à l'infaillibilité de la Sainte Église Romaine qu'à la sienne. Elle a de la pénétration, du trait, de la finesse d'esprit, mais c'est dans une agitation sans mesure et sans grâce. Sa conversation va toujours en sautillant et bondissant par soubresauts d'impatience ou d'irritation ; et j'avais pris la liberté de faire observer que sa disposition d'esprit était une fièvre nerveuse ; elle se trémousse et démène incessamment avec une vivacité d'écureuil, et votre père disait aussi que son agitation ressemblait à celle que produisent les puces.

Je pense que son défaut de jugement tient principalement à son manque de religion, ce qui toujours est une grande infirmité pour l'intelligence humaine, attendu qu'une personne d'esprit se trouve alors embarrassée dans un chaos d'idées qu'elle ne saurait éclaircir ni s'expliquer raisonnablement. Aveuglé qu'on est sur les motifs qui peuvent diriger

---

(1) Voyez les *Mémoires de M. de Pougens*, qui ont paru peu de temps après la première publication des *Souvenirs de Mme de Crequy*.

5.

les personnes et les actions religieuses, on y cherche toujours un intérêt, une cause, un mobile étranger à la piété; on y suppose le plus souvent des intentions tout-à-fait contraires à celles des personnes dont on veut juger la conduite; et voilà qui fausse indignement l'esprit!

Il est un point de vue plus élevé que ce monde d'où l'on doit regarder les choses de la terre afin de les pouvoir comprendre; mais on a besoin que la révélation divine et la religion, vous tendent la main pour vous faire monter jusque-là.

Il y avait trois choses de notre temps que Mme de Tessé ne pouvait jamais s'expliquer, c'était la profession religieuse de Madame Louise de France, la conversion du Prince de Wurtemberg et les austérités de la Comtesse de Gisors....

— Ne vous en tourmentez donc pas, — lui disais-je, et résignez-vous à n'y rien comprendre. Quand on est dans les conditions d'incrédulité philosophique où vous vous trouvez, il faut absolument que l'intelligence et la judiciaire en souffrent. Il y a plus de la moitié des choses de ce monde dont vous ne sauriez vous rendre compte, et ce que vous pouvez faire de mieux pour agir conséquemment à votre système, est de supposer que tous les dévots sont des ignorans ou des fourbes; c'est une absurdité, j'en conviens, mais grâce à la philosophie qui vous éclaire et vous conduit, vous n'avez aucune autre ressource : j'en suis fâchée pour vous, mais prenez-en votre parti.

Comme elle avait été bien élevée, c'est-à-dire religieusement, elle en conservera toujours et forcément une sorte d'indécision qui la retiendra dans la témérité de ses jugemens philosophiques; mais voyez ce que doit être la judiciaire d'un roturier et d'une bourgeoise de ce temps-ci, qui n'ont jamais vu rien de religieux chez leurs parens et qui n'ont jamais rien lu sur la religion que dans les pamphlets de Voltaire! Ah, pour le coup, la suffisance est prodigieuse! et c'est alors qu'il faut entendre parler des catholiques et des prêtres comme s'ils ne pouvaient être que des imbéciles ou des imposteurs. Ces deux accusations-là ne répondent à rien et n'ont rien expliqué depuis 1795 ans; mais l'ignorance des choses de Dieu entraîne toujours l'ignorance des choses du monde, et de certaines choses importantes à bien savoir et fort essentielles à bien observer pourtant; car j'ai remarqué que lorsque les impies interviennent dans les choses du gouvernement et qu'ils ont à se mêler des affaires religieuses, il en survient toujours une perturbation grave, quelquefois une subversion totale et tout au moins de grands embarras dans les affaires politiques. Il me semble que la constitution civile du clergé, précédée par les empiètemens des parlemens sur l'autorité des Évêques et suivie de la convention nationale, est plus qu'il n'en faut pour appuyer cette proposition.

M. de Vaines, observateur ingénieux, mais dont l'esprit manquait de justesse, attendu que c'était de l'esprit philosophique, avait fait un long parallèle entre la Comtesse de Rochefort et Mme de Tessé; mais c'était à l'avantage de celle-ci, ce qui n'était juste sous aucun rapport. Mme de Rochefort était belle et grande; Mme de Tessé n'a jamais été qu'un laidron chétif : elle a toujours été noire et maigre, tandis que l'autre était blanche et blonde. La première était incrédule et troublée, Mme de Rochefort était religieuse et calme ; elle avait plus d'esprit que de loquacité, ce qui n'était pas le cas de notre parente ; il est vrai que Mme de Tessé, malgré l'exiguité de sa personne, avait des façons très nobles avec le plus grand air ; c'était la seule chose qu'elle tint des Noailles, et c'était le seul point sur lequel on pût établir quelque similitude entre elle et la Comtesse de Rochefort (1).

Je vous dirai que Mme de Rochefort était une intéressante et curieuse personne, et c'est curieuse à bien observer que je veux dire. Elle avait toujours aimé le Marquis de Mancini, aujourd'hui Duc de Nivernais, et c'était un sentiment réciproque entre ces deux enfans qu'on avait mariés chacun de leur côté, sans que la Marquise de Céreste et le Duc de Nevers (mère de l'une et père de l'autre) en voulussent prendre le moindre souci. Le petit de Mancini, qui était joli comme un ange, épousa malgré qu'il en eût, la sœur du Comte de Maurepas, riche héritière ; et Mlle de Brancas, qui était belle comme

---

(1) Marie-Julie-Thérèse de Brancas-Céreste, veuve de Jean-Anne-Julien de Larchan de Kervadio du Liscoët, Comte de Rochefort en Penthièvre et de Lyniac. Elle a épousé en secondes noces Louis-Jules-Mancini Mazarini, Duc de Nevers et de Nivernais, Prince de Vergagne et de l'Empire, Patrice romain, Pair de France, Grand d'Espagne et Noble vénitien (l'un des Quarante de l'Académie française). Il était veuf d'Hélène-Angélique Phélippeaux de Pontchartrain, mère de Mmes de Gisors et de Brissac. (*Note de l'Auteur.*)

un astre, épousa le plus tristement du monde un Seigneur bas-breton qui ne disait pas quatre paroles en quarante-huit heures. On prétendait qu'il ne savait parler qu'en celte cambrique et en latin, mais toujours est-il que je ne lui ai jamais entendu dire autre chose en français que : — Non, Monsieur ; et — Oui, Madame.

Tandis que son mari vivait, Mme de Rochefort n'allait jamais à l'hôtel de Nevers, et jamais elle n'a voulu recevoir M. de Nivernais du vivant de sa femme. C'est quand ils se sont retrouvés l'un et l'autre en liberté de s'épouser, qu'elle a fléchi dans sa règle de conduite et peut-être aussi dans son dépit amoureux, car elle avait gardé rancune à M. de Nivernais pendant 14 ans. Je crois bien que de toutes les personnes que j'ai connues ou rencontrées, Mme de Rochefort était la plus proche de la perfection? Toujours douce et modeste, bienveillante et soigneusement polie, elle était habituellement silencieuse ; mais pour peu qu'elle fût émue de parler avec effusion, ce qui ne manquait pas d'arriver sur toutes les choses de cœur et de générosité, c'était alors un Démosthènes en paniers, un Cicéron femelle, et la chair de poule en avait pris au fameux Gerbier ! C'était, disait-il, un jour qu'elle avait été le consulter et lui parler pour la Comtesse de Forcalquier, à qui M. son mari venait d'appliquer un soufflet qui fit grand bruit. Depuis la tragédie de Pierre Corneille et la vengeance du Cid, aucun soufflet n'avait eu autant de retentissement que celui de Mme de Forcalquier, qui, comme on sait, voulut absolument le *rendre à son mari* parce que les avocats se refusaient à sa poursuite, et qu'elle ne *savait qu'en faire*. Elle m'écrivait un jour (Mme de Rochefort, alors de Nivernais), à propos de la mort de ma fille :

« Les nœuds du sang et de l'amitié nous ont
« unies depuis l'enfance et la douleur que vous
« éprouvez a redoublé ma tendresse pour vous ; si
« vous n'êtes pas la sœur de mon corps, vous êtes
« la sœur de mon cœur, de mon choix et de ma
« volonté ! »

Quand elle écrivait ou parlait dans l'émotion d'un sentiment de piété, de compassion charitable ou d'affection, qui chez elle était toujours noble, pure et vraie, elle en disait continuellement de cette force-là, et c'était, dès l'âge de quinze ans, la même chose. On n'a jamais rien vu de si merveilleusement beau que cette belle jeune femme (elle est morte à 34 ans), qui vous subjuguait en vous éblouissant d'un regard magnétique, et qui vous entraînait victorieusement dans la conviction par un torrent d'argumentations solides et de métaphores imprévues, hardies, toujours naturelles et quelquefois naïves à surprendre : et puis c'étaient des images attendrissantes, avec des paroles inouies et des mots brillans et bien enchâssés qu'on voyait étinceler sur le fond du sujet comme un rubis dans l'or de la bague. Cet honnête Gerbier n'en pouvait parler sans admiration, et je vous assure que la chaire et le barreau de mon temps n'ont rien montré d'égal à l'éloquence de cette Comtesse de Rochefort. M. de Nivernais disait qu'il avait trouvé le quatrain suivant dans un vieux livre de sa bibliothèque, mais je pense qu'il avait bien pu le composer lui-même, à l'honneur et gloire de Marie-Julie de Brancas.

> « Plus-que-parfaicte en toute chose,
> « La grâce, en sa parole, est joincte à la vigueur,
> « Et l'éloquence esclot de ses lesvres de rose,
> « Comme sort un bon fruict d'une agréable fleur. »

Voici que le parallèle de M. de Vaines nous a conduits bien loin de Mme de Tessé, dont l'éloquence avait toujours le caractère d'un transport au cerveau, avec son paroxisme nerveux dans la région du cœur et de l'estomac. Ses accès d'enthousiasme donnaient la fièvre d'impatience, à ce que disait le Duc de Penthièvre, et son engouement avait toujours quelque chose de si peu naturel et de si laborieux qu'il me faisait suffoquer.

Ce fut chez elle et par elle que je fis connaissance avec le Chevalier de Pougens, autre enthousiaste (sans fièvre), lequel était fort à la mode à l'hôtel de Tessé, ce qui ne dura pas long-temps. M. de Pougens ne manquait ni d'esprit ni d'instruction ; mais il était naturellement débonnaire, et quand il voulait faire de la malice, il était niais. Il a toujours été fort imbu des idées philosophiques, et s'il est aveugle des yeux du corps, il ne l'est pas moins des yeux de l'esprit. Sa bienveillance est universelle, et son besoin d'approbation générale est presque toujours si mal appliqué que cela dégénère en infirmité de jugement. On le verra confondre et mélanger, dans la banalité de son enthousiasme hétérogène et de ses affections disparates, Monsieur, Comte de Provence et les d'Orléans; le Figaro Beaumarchais, côte à côte avec son ennemie jurée, Mademoiselle d'Eon; M. de Lafayette et l'Abbé Maury ; Cagliostro, l'Archevêque d'Alby, l'Abbé Grégoire et le Duc de Penthièvre avec le peintre David et deux héros vendéens. Ajoutez à tout ce monde-là le général Buonaparte et le Duc d'Enghyen, Montgolfier, le pasteur Marron, Mme du Boccage et Mme Tallien, Madame Pipelet et votre grand'mère; enfin, la sous-Prieure de Saint-Cyr, qui est une fille d'esprit, et le général Kociusko, qui est une sorte d'imbécille.

Il en est des sentimens d'estime et d'affection, comme des objets de capacité matérielle, qui perdent toujours en intensité ce qu'ils acquièrent en superficie. La sensibilité du Chevalier couvrait trop d'espace, et se répandait sur trop de gens pour lui laisser la faculté d'éprouver un sentiment d'amitié profonde et d'honorable préférence. Il avait, comme dit le peuple, un *cœur d'hôpital* où tout le monde était admis ; aussi, n'étais-je pas infiniment sensible à la haute considération qu'il montrait pour moi. Il est à noter aussi que, dans cette société de l'hôtel de Tessé où presque tout le monde avait le cœur vide et la tête creuse, ce bon M. de Pougens était devenu la matière et l'objet d'une espèce de maladie contagieuse en fait d'engouement. Melle de Tott avait commencé par s'engouer de cet intéressant et malheureux infirme, à elle toute seule. Son engouement fermente, éclate, et se communique à Mme de Tessé, qui le fait partager à sa nièce, Mme de la Fayètte, laquelle y fait participer son cher époux, qui l'inocule à Mme de Simiane, et celle-ci le reporte à son frère aîné, l'Abbé de Damas, qui ne manque pas d'en faire part à l'Abbé de Montesquiou, lequel est, comme on sait, une fameuse commère en fait de prônerie; de sorte que voilà tout le faubourg Saint-Honoré qui se trouve saisi d'engouement pour le Chevalier de Pougens. J'avais annoncé que c'était une de ces épidémies qui ne traversent pas la rivière, et ma prédiction s'est vérifiée.

Ce pauvre aveugle était journellement préoccupé, disait-il au moins, d'une composition gigantesque, et qui n'allait guère à sa taille; ouvrage immense et qu'il avait intitulé : *Trésor des Origines et Dictionnaire grammatical et raisonné des étymologies générales de la langue française*. Je pense bien qu'il n'en a jamais composé que ce long titre, et comme il allait toujours s'informant, ruminant ou dissertant sur les étymologies, je lui dis un jour qu'il devrait bien consacrer un chapitre à la transformation du nom de *Guillot*, en celui de *Franquetot*. —Je ne vous comprends pas, répliqua-t-il; et pour lors je lui traçai, d'après mon oncle le Bailly, l'historique de cette métamorphose, dont voici l'ordre et la marche.

MM. Guillot de Coigny désiraient pouvoir se rattacher à la famille des anciens seigneurs de Franquetot, dont ils avaient acquis la terre. Ils commencèrent par faire de leur nom de *Guillot*, Guiltot, et puis de Quiltot, ce qui n'avait pas déjà si mauvaise mine; ensuite ils écrivirent leur nom de Franc-Quiltot, de Francquestot, et finalement de Franquetot. Ce dernier résultat fut représenté par eux comme étant la conséquence et la suite inévitable de ces contractions pour abréviation, qui arrivent toujours progressivement dans la marche des siècles et celle des langues, où les mots de racine barbare tendent continuellement à s'adoucir en simplifiant leur orthographe et se débarrassant des lettres superflues (c'est principalement des consonnes). Tout ceci n'avait pas duré plus de quarante-deux ans. On les avait laissés faire, attendu que c'était bien égal à tout le monde, et quand ils en sont arrivés à ce nom de FRANQUETOT, ils s'en sont tenus là.

On avait dû croire et l'on avait toujours cru que le Chevalier de Pougens était fils naturel du Prince de Conty, Louis-François Ier; mais ensuite on aurait voulu se persuader et nous faire croire qu'il était fils de la Duchesse d'Orléans, sœur de ce prince, et c'était dans un intérêt pécuniaire et par un esprit de calcul intolérable, à mon avis. Toujours est-il que c'était M. le Prince de Conty et Mme de Guimont qui se croyaient son père et sa mère. Le nom qu'il porte est celui d'un fief mouvant de la Duché de Mercœur en Auvergne; c'était la maison de Bourbon-Conty qui le pensionnait, qui l'avait fait élever et qui l'avait pourvu d'un bénéfice ecclésiastique à la nomination de ses princes; enfin je puis affirmer que M. le Prince de Conty, Duc de Mercœur, avait fait signifier judiciairement au Bailly de Froulay que *Marie-Charles-Joseph, Sieur de Pougens, était son fils naturel*, et qu'il demandait pour lui le titre et la croix de Chevalier de Malte, *en vertu de ses droit et privilége de naissance*. Le

Grand-Maître ne manqua pas d'envoyer la croix de son ordre au jeune Pougens, sur le rapport de mon oncle, attendu que les récognitions d'un prince de maison souveraine équivalent toujours à des actes de légitimation ; et c'est d'où provient cette maxime de notre ancien droit coutumier, *Nul bâtard ne saurait être débouté de noblesse, s'il est reconnu pour issu d'un prince.* « Les Rois, dit un autre adage, ne « sauraient faire en bâtardise que des Seigneurs « et nobles Dames ; les Princes de race souveraine « ne font que des Gentilshommes et simples Da- « moiselles ; mais les bâtards de tous les autres « nobles ne sauraient être que des roturiers ou des » bourgeoises, à moins que leurs parens n'obtien- « nent pour eux des lettres de légitimation et d'a- « noblissement » (ce que les souverains ne refusaient guère aux grands seigneurs). Ce privilége royal et principal, applicable aux bâtardises, est un bénéfice d'exception qui ne m'a jamais choquée ni surprise ; et comme ce sont les Rois qui font les lois civiles, je trouve assez naturel que les souverains législateurs ne fassent pas des lois restrictives au détriment de leur postérité. Je n'ai rien su de Mme de Guimont, si ce n'est qu'elle ne sortait jamais du château de l'Isle-Adam, et que la douairière de Conty l'avait en exécration. On disait que c'était la veuve d'un Écuyer de cette Princesse.

On ne me reprochera pas d'avoir profité de ce qu'il est convenu d'appeler les abus de l'ancien régime. Je n'ai jamais eu ni pensions ni faveurs de la cour, je n'ai jamais sollicité les bienfaits du Roi ni les secours de l'État pour aucun individu que j'aie pu soulager par moi-même, et vous pourrez vérifier que le cinquième de mon revenu se trouvait employé de cette manière-là ; enfin je n'ai jamais ni poursuivi ni fait poursuivre aucune personne en justice, à moins que ce ne fût sur mes terres, en ayant la précaution de me faire tenir au courant des procédures, afin de les arrêter lorsque la charité l'exigerait. C'était là ma règle générale, et avant nos procès contre les Lejeune qui voulaient s'emparer de votre nom, et contre Nicolas Bezuchet qui voulait me faire traîner à l'échafaud, ce qui était certainement le cas de se regimber, je n'ai jamais sollicité la punition de personne, excepté du Vicomte de Choiseul, et voici comment.

Ce Vicomte était un petit diffamé très malveillant et maldisant, ce qui n'est jamais difficile ; mais il était malfaisant quand il pouvait l'être (1). Apparemment qu'il m'en voulait parce qu'on ne le laissait jamais entrer chez moi ; et toujours est-il qu'il alla se vanter d'avoir contrefait mon écriture et ma signature en écrivant le billet suivant à M. Turgot.

« Aussitôt la présente reçue, ne manquez pas,
« mon cher monsieur, de donner une place de
« finances, et c'est une bonne place, entendez-vous
« bien, à ce brave garçon dont le nom se trouve
« effacé, mais c'est égal. Je ne l'ai jamais ni vu ni

---

(1) Arnould-Louis-César de Choiseul, Vicomte de la Baulme, ancien Colonel du régiment de Poitou, né à Versailles en 1755, mort à Paris en 1828. *(Note de l'Éditeur.)*

« connu, mais je sais qu'il est joli garçon. Il est
« très bien recommandé de la part d'une personne
« que je n'ai jamais ni vue, ni connue, mais elle
« en répond, et du reste, c'est ma cousine de
« Breteuil qui m'a envoyé cette requête pour vous
« la faire tenir. A raison du cousinage, ayez
« l'obligeance de m'écrire que vous ne le pouvez
« pas, afin que je puisse montrer votre lettre à la
« Baronne. »

Froullay-Créquy.

M. Turgot me répond ; je n'y comprends rien ; Lauzun s'en mêle, votre père se fâche, M. de Richelieu (doyen de Noss^{grs} les Maréchaux) nous rend le service de faire mettre mon fils à la Bastille, et le Duc de Choiseul a l'obligeance d'envoyer M. le Vicomte, avec son régiment, dans les Antilles, où il est resté de cinq à six ans. C'est la seule fois de ma vie que je sois intervenue dans une poursuite de lettres de cachet pour exécution d'emprisonnement ou d'exil.

Si le billet en question n'était pas de votre grand'mère de Créquy, il était de votre grand'mère de Simiane, et ce petit de Choiseul, qui n'avait aucune sorte d'esprit, n'avait fait autre chose que de le copier.

Je m'aperçois que je ne vous ai encore rien dit sur les économistes qu'il ne faut pas confondre avec les encyclopédistes. J'ai toujours eu l'intention de vous parler de M. Turgot, lequel était un véritable ami pour votre père et pour moi. Mais je n'ai pu retrouver les notes que j'avais écrites à son sujet, et bien m'en fâche (1) ; il était mon parent éloigné par les d'Esclots (ce qui n'est pas, comme vous pouvez bien le penser, mon quartier de prédilection), mais il ne s'en prévalait jamais. Je lui faisais toujours adresser mes billets de part *à la main*, je prenais ses deuils de famille et je me rappelle très bien que je lui écrivis à l'occasion du mariage de mon fils pour lui *demander son consentement*.. Il arrivait tout aussitôt chez nous pour y faire visite, ou quand il était dans son intendance de Limoges, il nous répondait courrier par courrier ; mais ses formules étaient purement et simplement celles d'une affection respectueuse : il a toujours eu l'air d'ignorer que nous fussions parens, et quand votre père lui disait quelques paroles sur l'air du cousinage, il inclinait sa tête, en répondant avec un air sévère et froid que *ce serait bien de l'honneur pour lui !* Sa famille est très noble et très ancienne en Basse-Normandie : on aurait pu supposer qu'il agissait de la sorte, avec nous, par simplicité modeste, mais j'ai toujours pensé que c'était par excès de fierté.

Je vous ai déjà dit que M. de Maurepas fut l'au-

---

(1) Anne-Robert Turgot, Marquis de Soumonts, Baron d'Estrepagny, Seigneur de Changy, Courcelles, Anvry, Chastenay, La Combe et autres lieux ; Commandeur de l'ordre du St.-Esprit, Conseiller du Roi en tous ses conseils, ancien Contrôleur Général des finances et ministre d'état de S. M., né en 1727, mort en 1781.

« Parmi tous les gens qui s'occupent de nos affaires, disait le Roi Louis XVI, je ne connais que M. Turgot et moi qui aimions véritablement le peuple français. *(Note de l'Édit.)*

teur de sa disgrâce, et suivant la coutume de Versailles, il écrivit à M. Turgot un billet de condoléance au moment de son départ du ministère, celui-ci répliqua brusquement au premier Ministre; il en fut blâmé, il en eut beaucoup de regret, ce me semble, et quoi qu'il en fût, voici les deux billets en question.

Lettre de M. de Maurepas à M. Turgot.

« Je m'empresse, Monsieur, de vous témoigner
« toute la part que madame de Maurepas et moi
« prenons à l'évènement qui vous concerne, et
« nous vous prions d'agréer l'assurance et l'expres-
« sion de nos sentimens les plus particulièrement
« dévoués.

J'ai l'honneur d'être, etc.

LE COMTE DE MAUREPAS.

Versailles, ce 12 mai.

Réponse de M. Turgot.

« Je ne saurais douter, Monsieur, de toute la
« part que vous avez prise à l'évènement qui me con-
« cerne, mais je vous dirai que, lorsqu'on a servi son
« maître avec fidélité, sans lui dissimuler aucune
« vérité utile, sans avoir à se reprocher ni faiblesse,
« ni fausseté, ni légèreté, ni dissimulation, ni fri-
« volité volontaire, on peut se trouver éloigné de

« la direction d'un grand ministère, sans honte et
« sans crainte, je dirai presque, sans regrets.

« Il me semble qu'il ne saurait être question de
« madame de Maurepas dans tout ceci.

« J'ai l'honneur d'être avec les sentimens que je
« vous dois et que je vous porte depuis longtemps,
« Monsieur, etc.

A. R. Turgot.

CHAPITRE V.

Le Duc de Chartres. — Mot sanglant qui lui est adressé par M. de Lamothe-Piquet. — Son infâme conduite à l'égard de sa mère et de sa sœur. — L'Abbé Delille. — Engagement pris par Mme de Créquy à son sujet. — Le Comte d'Estaing et le Comte de Grasse. — Injustice de l'opinion publique à l'égard de ce dernier. — Portrait de l'Abbé Delille. — Les bénéfices et l'Académie française. — Bonté de M. le Comte d'Artois pour l'Abbé Delille. — Projet de Monsieur, frère du Roi, sur le duché de Créquy. — Prérogatives de cette terre. — Le Comte de Bonneval. — Son caractère et son apostasie. — Sa mort — Audience et interrogatoire à l'Assemblée nationale. — Mot de l'Abbé Delille au citoyen Lamourette. — Son refus de composer un hymne républicain. — Prétexte allégué pour son émigration. — Le reliquaire grec et la charte du Bas-Empire. — Mention des familles de Pressac, de Coucy, et Hurault de Vibraye dans ladite charte.

Vous n'auriez pu voir sans douleur et sans en avoir la rougeur au front, toutes les satires qui furent publiées contre le Duc de Chartres à son retour de la bataille d'Ouessant. Un prince du sang royal de France qui avait manqué de courage !....... C'était pour tout ce qui portait un cœur français une amertume étrange, une honte inouie ! On n'imaginait pas alors ce qu'il aurait le courage de publier plus tard à propos de sa naissance et sur la conduite de sa mère !...

Ayant obtenu la survivance de M. le Duc de Penthièvre en qualité de Grand-Amiral de France, il avait cru pouvoir figurer dans ce combat naval. Il y commandait l'escadre bleue; il y feignit de ne pas voir ou comprendre les signaux, pour ne pas exposer le vaisseau qui portait sa précieuse personne, et M. de Lamothe-Piquet, son capitaine de Pavillon, fut tellement indigné de sa lâcheté qu'il alla déposer deux pistolets chargés sur la table de sa cabine, en lui disant : — *Monseigneur, après une pareille conduite, il ne vous reste plus qu'à vous brûler la cervelle* (1). Le Duc de Chartres avait osé dire qu'il n'avait nulle envie et nul besoin de prendre *fait et cause*

(1) « La guerre de la France et de l'Angleterre le montra (le duc d'Orléans-Égalité) pour la première fois mêlé aux événemens de la politique ; mais ce ne fut pas pour lui une occasion de gloire. Au combat d'Ouessant, il ne fut qu'un spectateur inutile : il montait le vaisseau *le Saint-Esprit*. Le péril était extrême; ce fut le Comte de La Touche, commandant, qui vint au secours du vaisseau. On raconte que le Duc d'Orléans s'était caché à fond de cale. La conduite du Duc d'Orléans, pendant le combat, fut un objet continuel de railleries. On fit paraître un portrait où ce Prince était représenté en costume de marin, et au bas duquel on lisait ce verset du psalmiste : *Mare vidit et fugit !* il a vu la mer et il s'est sauvé. »

« .... Et cependant il avait la manie du courage ; c'était un indice qu'il n'en avait point la réalité. Il voulut s'élever dans un des premiers aérostats qui fut lancé à Saint-Cloud. Tout Paris était accouru. Quand le ballon parut vouloir s'élever aux nues, le Duc de Chartres eut peur ; il fallut descendre, et les Parisiens, frustrés d'une fête, se vengèrent par des quolibets. » (M. Laurentie, *Hist. des Ducs d'Orléans*, t. 4, p. 20.)

(Note de l'Éditeur.)

pour l'honneur ou la réputation de la Duchesse de Bourbon, sa sœur, parce qu'elle n'était ni sa femme, ni sa fille. (Et l'honneur de sa mère, comment en a-t-il parlé quelques années après dans la tribune des Jacobins?) Je ne vous en dirai pas davantage à l'occasion de sa turpitude maritime, et le cœur en soulève. J'avais eu l'intention de vous parler de sa conduite à propos du duel entre M. le Comte d'Artois et l'héritier des Condé, mais j'ai promis à Mme la Duchesse de Bourbon de n'en rien écrire, et c'est un service à lui rendre. J'ai pris aussi l'engagement de ne rien laisser dans mes papiers qui puisse être relatif à la naissance de l'Abbé Delille, et j'en suis fâchée pour vous, car il y a dans tout cela quelque chose de si naïvement tendre et de si curieusement nouveau, pour être absolument comme au vieux temps, que cela n'aurait pu manquer de vous intéresser. C'est comme une Sirvente au donjon féodal et comme une Églogue au cimetière. Mais je reviendrai tout-à-l'heure à M. Delille, et j'ai la fantaisie de vous parler un peu marine, en qualité d'intime amie du Grand-Amiral.

Les deux années suivantes furent signalées par deux grandes victoires et par un grand désastre qui ne fut pas moins honorable à la marine française. Le Comte d'Estaing fit la conquête de la Grenade et détruisit l'escadre de l'Amiral Byron. L'intrépide Lamothe-Piquet fit face à toute la flotte anglaise avec trois vaisseaux délabrés, et sauva le riche convoi qui nous arrivait de Saint-Domingue. Mais le 24 janvier, jour néfaste! le Comte de Grasse fut battu dans un combat naval par l'Amiral anglais

Rodney (1). L'histoire moderne ne nous offre aucun exemple d'un pareil acharnement; tous les capitaines de vaisseaux français se firent tuer sur le bord de l'amiral; le Comte de Grasse n'amena son pavillon blanc qu'après dix heures et demie de combat, et après avoir inutilement cherché la mort : il n'avait sur son vaisseau que quatre hommes vivans lorsqu'il se rendit. Nos ennemis admirèrent sa valeur, et ses concitoyens ne lui rendirent pas la même justice.

Pour réparer cet affreux désastre, ainsi que la perte de six vaisseaux qui furent capturés par les Anglais, Monsieur, Comte de Provence, et M. le Comte d'Artois, offrirent au Roi, leur frère, chacun un vaisseau de cent dix canons ; et M. le Prince de Condé rendit un pareil hommage à la couronne au nom de la province de Bourgogne dont il était gouverneur et dont il fut présider les états. M. de Penthièvre fit construire deux frégates et n'en dit rien à personne.

Sans compter que l'Abbé Delille est le premier poète, ou plutôt le seul poète de son temps, vous verrez qu'il est un des hommes les plus aimables et les plus solides en amitié que vous puissiez connaître. Son esprit, disais-je autrefois, est comme un feu de sarment, pétillant et chaleureux, vif et pénétrant, salutaire et gai. Sa conversation me rappelle toujours celle de Voltaire, mais d'un Voltaire ingénu, loyal et franc que je n'ai pas connu. La

---

(1) François-Joseph de Grasse des Princes d'Antibes, Comte du Bar en Provence, etc., né 1723, mort en 1788.

sincérité, l'esprit de justice et la bonne foi, faisaient grand'faute à celui dont je me souviens : et je dois remarquer ici qu'en dépit de l'autorité que s'arrogeait M. de Voltaire, ses paroles d'approbation, de louange ou de réprobation ne pouvaient jamais ni persuader, ni toucher sensiblement qui que ce fût, à raison de sa légèreté quinteuse et de son manque de franchise.

La physionomie de M. Delille n'est pas moins originale et moins agréable que son genre d'esprit. Mme Le Couteulx du Molay disait de lui qu'il avait tant de mouvement dans la figure qu'il ne lui laissait pas le temps de paraître laide ; mais c'est, à mon avis, une de ces phrases où l'on trouve plus de mouvement que de jugement, car le visage de M. Delille a toujours, dans le repos, une expression de bienveillance exquise ou d'intelligence admirable.

Les ouvrages de l'Abbé Delille n'ont aucunement le caractère ou la physionomie de sa personne et de sa conversation ; c'est un côté par lequel il ressemble à Mme de Genlis, et c'est le seul rapport qu'il ait avec elle. Il m'avait été recommandé par le Vicomte de Vintimille, au sujet du refus qu'on aurait fait de le laisser parvenir à l'Académie française, et ceci parce qu'il était *trop jeune*, avait dit le secrétaire perpétuel ; je pris la liberté d'en parler directement au Roi, qui me répondit que c'était une invention très impertinente, et qu'il n'avait jamais rien dit de semblable. — Il a si bien traduit Virgile, me dit S. M., qu'il me fait l'effet d'être de l'ancienne Rome ; il a *deux mille ans*, à mon avis.

6.

je vous serai bien obligé de faire dire aux académiciens que je le verrai nommer avec plaisir.

Je ne manquai pas de faire connaître les intentions du Roi, comme vous pouvez croire, et les amis du *jeune poète* (il avait environ quarante ans) m'en surent tout le gré possible. C'est à cette occasion-là que je l'ai connu (1).

En attendant la première vacance à l'Académie, qui ne tarda guère, attendu que M. de la Condamine mourut quinze ou dix-huit mois après, M. le Comte d'Artois voulut bien conférer à M. Delille un joli bénéfice de son apanage, au moyen duquel il a subsisté fort aisément jusqu'à la spoliation des biens du clergé. On avait eu de la peine à lui trouver un nid convenable et commode, c'est-à-dire un bénéfice qui n'astreignît pas à résidence et qui pût être possédé par un laïc. M. le Duc de Penthièvre n'en gardait jamais en réserve et n'en avait plus un seul à sa disposition ; votre père avait colloqué tous les siens, Dieu sait comme ; et mon prieuré des Gâtines était rempli par un gros joufflu d'Abbé du Gôron qui promettait de vivre autant que Mathusalem. Quand on nous avait priés de faire demander par M. de Penthièvre un bénéfice à la chancellerie du Palais-Royal, ce Prince avait répondu que Mme sa fille n'avait pas le crédit d'y faire chanter un aveugle, et du reste, on savait que la collation

---

(1) La lettre de l'Abbé Delille qui se trouve citée dans l'*Avis de l'Éditeur*, au commencement du premier volume de cet ouvrage, paraît devoir se rapporter à cette circonstance indiquée par l'auteur. (*Note de l'Éditeur.*)

des bénéfices de l'apanage d'Orléans, n'était pas toujours un don gratuit. Enfin M. le Comte d'Artois voulut bien nous tirer d'affaire en conférant l'abbaye de St.-Séverin à M. Delille, et ce fut avec une grâce infinie. Monsieur voulut bien aussi m'écrire à cette occasion-là, qu'il regrettait que la majorité des bénéfices à sa nomination ne fussent que des prieurés ou des abbayes de filles, ce qui se trouvait principalement vrai pour ses domaines de la Provence et de la Normandie.

Je vous dirai de Monsieur, qu'il aurait bien voulu pouvoir échanger sa Duché-Pairie d'Alençon contre celle de Créquy, par la raison que la possession de ce grand domaine était suivie d'un droit de collations admirables, y compris celui de présentation pour l'archevêché de Synopolis, en vertu d'une bulle obtenue du Pape Innocent III, par l'Empereur Baudoin, votre vingt-et-unième aïeul : privilége agréable et magnifique, en ce qu'il donnait aux Sires de Créquy le droit de conférer, non pas seulement la crosse et la mitre, prérogative appartenant à tous les patrons et collateurs abbatiaux, mais le pouvoir de conférer le caractère épiscopal avec la croix pectorale et le pallium, ainsi que les XIV glands d'or aux cordelières de synople. Je pense bien que l'importance de cette prérogative n'était pas tout-à-fait étrangère au sentiment d'affection particulière et de considération que le clergé français a toujours témoigné pour votre maison ; mais pour en revenir à cette convoitise de Monsieur qui ne s'accordait guère avec les projets de votre père et les intentions de toute ma vie, je vous dirai que si la révolution n'était pas arrivée, mon fils n'aurait pu manquer de se brouiller avec Monsieur pour cette raison-là. C'était bien la peine d'avoir économisé trois millions huit cent mille livres en cinquante-huit ans, pour ne pas opérer le retrait de votre premier domaine, et pour acquérir ces belles qualités de Duc d'Alençon, Comte du Perche et de Nogent-le-Rotrou! c'est-à-dire que j'en pleurais d'y penser, et que votre père en serait mort de rage! Le Roi n'approuvait pas cette imagination de son frère, mais il aurait fallu se fâcher avec Monsieur, quitter la maison de Madame, et je vous assure que ce beau patronage, accordé par Innocent III en 1212, nous a fait passer de tristes journées en 1777.

L'abbé Delille n'avait jamais été que simple tonsuré; il avait toujours refusé d'entrer dans les ordres; il a fini par épouser Mlle Vaudechamp qui, disait-on, n'était pas facile à vivre; mais je puis attester qu'il ne s'en plaignait jamais. Il avait accompagné le Comte de Choiseul-Gouffier dans son ambassade à Constantinople, et nous en avait rapporté de curieux détails sur le Comte de Bonneval et la formidable mort de cet apostat (1).

(1) Claude-Alexandre, des Comtes de Bonneval et de Blanchefort, était né vers l'année 1692, en Limousin, où sa famille a toujours marqué parmi la haute noblesse. Il avait épousé Judith de Gontaut, fille du Maréchal-Duc de Biron, dont il n'avait pas eu d'enfant (grâce à Dieu pour elle). Turbulent, arrogant, indiscipliné, brélandier, débauché, duelliste, il avait osé quitter le service de France en temps de guerre, pour aller servir l'Empereur qui le fit général de son artillerie et son conseiller aulique, ce qui n'empêcha pas les tribunaux français

Ainsi que Voltaire, il aurait pourtant voulu mourir dans la religion de son père et de son pays. Il avait écrit à l'Ambassadeur de France, qu'il n'avait jamais cessé de rester chrétien dans le fond de son cœur, et qu'il le suppliait de lui envoyer un de ses aumôniers pour l'entendre en confession, pour l'absoudre, enfin pour témoigner de son repentir, en réparation du scandale qu'il avait donné à la chrétienté, de la douleur qu'il avait causée dans sa famille, et de l'insulte qu'il avait faite à la noblesse française. M. de Peyssonnel, premier secrétaire de notre ambassade, avait pris sur lui d'aller visiter ce renégat, et l'avait trouvé qui répétait dans l'ardeur de la fièvre et sombrement, ces vers de Malherbe :

« N'espérons plus, mon âme, aux promesses du monde ;
« Son éclat n'est qu'un verre, et sa faveur une onde
« Que toujours quelque vent empêche de calmer.
« Quittons les vanités, lassons-nous de les suivre ;
  « C'est Dieu qui nous fait vivre,
  « C'est Dieu qu'il faut aimer ! »

Ainsi que Voltaire, étendu sur son lit de mort et son lit de justice, en présence de Dieu, Achmet Pacha fut circonvenu par des familiers impies. On l'enve-

---

de le condamner à mort, pour le fait d'avoir été servir à l'ennemi. Comme il ne pouvait tenir nulle part, il ne manqua pas de se brouiller avec la cour de Vienne, et fut se réfugier auprès du Grand Turc, qui lui conféra la dignité de *Combarici-Bachi*, ainsi que l'enseigne à trois queues du Pachalick de Romélie. Il avait renié le christianisme en 1738, et mourut à Constantinople en 1747. (*Note de l'Auteur.*)

loppa dans le réseau d'iniquité qu'il avait ourdi. Soliman-Bey, renégat milanais et fils adoptif de M. de Bonneval, eut soin d'empêcher qu'il ne pût communiquer avec aucun de nos compatriotes. Il envoya chercher l'Iman de la mosquée voisine, et Dieu sait quelles ont été les dernières pensées de ce malheureux apostat : c'est un secret entre la Providence et le tombeau.

Je vous dirai que l'Abbé Delille avait absolument voulu m'accompagner dans une de mes audiences au comité de l'Assemblée nationale, à l'occasion de notre procès contre Nicolas Bezuchet. — Monsieur l'Abbé, lui dit le citoyen Lamourette avec son air de bénignité mielleuse, encouragez Mme de Créquy dans la confiance qu'elle doit avoir en notre impartialité, je vous promets de l'interroger avec tous les égards qui sont dus à son âge et à son sexe. — Je le crois bien, lui répliqua l'autre ; allez procéder à son interrogatoire et vous verrez qu'il est impossible de lui dire plus haut que son nom.

Malgré son refus de composer une cantate républicaine pour la fête de l'Être-Suprême, ou plutôt malgré ce fameux dithyrambe sur l'immortalité de l'âme, qui lui valut l'animadversion de Robespierre et les dénonciations quotidiennes de l'*Ami du peuple* et du *Père Duchesne* (journaux terroristes), l'Abbé Delille avait tenu ferme à Paris ; mais il a fini par y manquer de patience, et voici pourquoi : il avait rencontré, dans la rue de la Loi, le représentant du peuple Cambon, qui lui déclara qu'il était le plus malheureux citoyen de la république, en ce qu'il ne pouvait seulement pas s'absenter pour aller se reposer pendant huit jours à la campagne! — « La convention n'a que trois orateurs et *j'en suis-t-un.* » — Il est impossible de rester dans ce pays-ci, s'écria le ci-devant accadémicien, et il s'enfuit en Angleterre d'où il n'est revenu qu'après la chute du gouvernement directorial.

Par une transition difficile à vous expliquer, si vous avez perdu de vue la troisième croisade et la bulle d'Innocent III, je vous dirai que l'Abbé Delille nous avait rendu le service de nous faire déchiffrer, à Constantinople, un document illisible, lequel était supposé relatif à ce que nous appelons le reliquaire de Sainte-Hélène. Vous le trouverez, dans mon oratoire, intact et scellé de quatre bulles, avec son auréole et sa couronne de pierreries; mais, comme la charte en question tombe en poussière, il me paraît urgent d'en conserver la lettre, et c'est pourquoi je vais la reproduire en *affidavit* registré.

« Nos LEGIER DE PREYSSACQ,
« Deens de l'yeclise archimasjore de
« Saincte Sophye et Chancelliers de
« lempyre de Constantinoples, et Es-
« TIENNE de Couscy, tresaurriers di-
« celle meisme yeclyse, et Gaulcher
« Hurault, Deens de lyeclyse Nostre
« Dame de Paneciantez, foisonz sa-

« poer a touts ceulx quy lez presantes
« lectres voyront o oyront que li tree
« noble Bers, Messyre Bauldouin de
« Crequy, Connestables de lempyre
« de Constantinoples, nos pryat hum-
« blamant et devotemant, que por
« Deus et por almosnes a li, donnes-
« sionz alcuns sainctuaires por an-
« voyer en son payx ; et nos reguardant
« la devotion, de son cuer et la bone
« intention, por ce que nos creons
« que li sainctuaires esteront honorez
« souficialement la o il les anvoyera,
« li doname et donons partye du chief
« de Madame saincte Hellenes, impe-
« ratrix, liquel estait de tot temp en
« lyeclyse Nostre Dame de Pane-
« crantes avironnez dune bende dor
« tot entors, en laquelle sez nom es-
« toit escrip de lectres gregeoise, Et
« por ce que nos creons et debvons a
« creoyre que ce soyt vraye le tes-
« moignage des Latins quy en lye-

« clyse dicte ont estez et sont, et ossy
« des Grex antiains, Nos li donons
« ces lectres scelléez du scel de lem-
« pyre, et prionts tots cels as quels
« ces devant dictes sainctes relictes
« saront esposeez, que il por Deus et
« por miserricorde que attande, re-
« coyve liquelles sainctuaire Madame
« saincte Hellenes en toute reverrence
« et lor orayson. Ces lectres doneez
« fusre a Saincte Sophye, en lan de
« lincarnacion Ihu xpist mil et CC et
« XLV el mois de Geinvyer. »

Je croirais vous faire injure en recommandant ce reliquaire à votre vénération : c'est un monument de la splendeur de vos ancêtres, et je me borne à vous prier de veiller à sa conservation, comme je l'ai fait jusqu'ici. Vous verrez que la Charte qui *l'authentique* est encore scellée de quatre bulles : une d'argent, qui porte les armes de l'Empire d'Orient, c'est-à-dire une croix d'or en champ de gueules, cantonnée de quatre β d'or, initiales des quatre mots grecs BASILÉUS BASILÉÔN, BASILÉOUÔN BASILÉOUSI, (*Roi, des Rois régnant sur les Rois*), et les trois autres bulles en plomb, sont armoiriées des

mêmes blasons que portent encore aujourd'hui le
trois anciennes familles de Preissac, de Coucy
Hurault de Vibraye. Vous direz peut-être, et je n'e
disconviendrai pas, que de l'an IIIe de la Répu
blique française à l'an du Salut 1245, il a fallu fair
un fameux saut d'écrevisse.

CHAPITRE VI.

Desrues et son procès. — Querelles sur la musique. — Les Lullistes et les Ramistes. — Les Gluckistes et les Piccinistes. — Le Marquis de Jaucourt, surnommé *Clair-de-Lune*. — Remarque sur les sobriquets. — Aventure de M. de Jaucourt avec le Chevalier Gluck, et l'opinion qu'il avait des musiciens. — Système de l'*ordre profond* et de l'*ordre mince*. — Folies scientifiques. — M. Sage et son système de résurrection par l'emploi des alcalis. — M. Dufour et sa liqueur d'absynthe. — M. Mesmer et son système de guérison par l'influence des planètes. — Le magnétisme animal. — Le général Lafayette, disciple de Mesmer. — Le baquet magnétique. — Procédés du mesmérisme et son système. — Négociation de Mesmer avec le gouvernement français. — Son départ et souscription qu'on ouvre à son profit. — Les adeptes. — M. de Puységur, M. Bergasse et M. Servan. — Le Marquis et la Marquise Lecamus. — Le docteur Deslon. — Sa mort. — Les cataleptiques. — Mlle de Bourgneuf. — La pensionnaire de Montmartre. — Système actuel du magnétisme et du somnambulisme.

Si les Éditeurs du Recueil des *Causes Célèbres* n'avaient pas enregistré le procès du fameux Desrues, je ne manquerais pas d'en faire un chapitre de mes souvenirs, afin de vous faire admirer la justice du ciel. On ne saurait espérer que l'action de la Providence empêche l'exécution de certains crimes qui sont commis sur la terre, parce que le mal faire est dans la nature de l'homme, et que l'homme est libre ; mais j'ai toujours vu que les criminels étaient punis, mon Enfant, visiblement pour le plus grand nombre, et quelquefois découverts d'une manière si miraculeuse qu'il aurait fallu s'opiniâtrer dans l'aveuglement, pour ne pas y reconnaître la main de Dieu. Lisez le procès de cet abominable hypocrite, et lisez-le avec attention, je vous le recommande.

Quand on fut ennuyé des querelles sur la grâce efficace et sur le formulaire, où la majorité du public ne comprenait plus rien, parce qu'elle avait perdu la foi et parce que l'instruction théologique lui manquait, on s'était mis à disputer sur la musique, et ce fut avec d'autant plus de violence et d'emportement que le sujet de la querelle était plus frivole et plus étranger à ceux qui s'en mêlaient. L'horreur d'un Quesnelliste pour un Conformiste ne saurait donner aucune idée de celle d'un Lulliste pour un Ramiste, et ceci dura jusqu'à l'irruption des Gluckistes et des Piccinistes qui vinrent se ruer les uns sur les autres et se prendre aux cheveux, jusque dans les balcons et le parterre de l'Opéra. Ce fut à la première représentation d'une pièce intitulée *la Bonne Fille*, et depuis ce moment-là tous les esprits furent agités par la discorde. Elle était à domicile dans tous les cafés et les colysées, dans les jardins publics, et jusque parmi les politiques de l'arbre de Cracovie, à la petite Provence en automne, ou dans la salle des Cent-Suisses en cas d'orage. La discorde s'était introduite au bureau de Mlle Lespinasse, sanctuaire de la philosophie moderne ; à l'Académie française, où personne n'aurait pu dire quelle différence il y avait entre un bémol et un dièze ; et jusque dans le salon de musique de M. Trudaine, où tout le monde chantait faux. Les meilleurs amis et les amans se brouillaient, les parens se fuyaient, les enfans se battaient; les bons diners, dont le meilleur effet a toujours été celui de produire une indulgence réciproque, ne produisaient plus que de la colère ou la plus sombre défiance ; enfin, les bureaux d'esprit étaient devenus des arènes où l'on s'acharnait contre la séduisante Armide, ou la malheureuse Iphigénie du Chevalier Gluck, qu'on voulait absolument sacrifier à la Bonne Fille du Signor Piccini *et vice versâ*.

On ne demandait plus : est-il janséniste? est-il moliniste? — est-il encyclopédiste ou dévot? — est-il pour *l'ordre profond* de M. de Mesnildurant, ou pour *l'ordre mince* de M. de Guibert, auteur de la *Tactique moderne?*

On se demandait : est-il du *coin de la Reine* ou du *coin du Roi?* et l'on accueillait les survenans bien ou mal, en conséquence de la réponse. Il en est résulté des méchancetés abominables : les enfans de Mme de Valbelle (c'est-à-dire Athénaïs et Gertrude, aujourd'hui Comtesses de Beauvoir et de Tilly), avaient mordu le petit d'Havrincourt parce qu'il était Picciniste ; et du reste, je vous dirai que ces deux petites de Valbelle étaient si méchantes, qu'elles mordaient les oreilles des chiens, et qu'elles allaient donner des coups de pied aux chevaux. On ne s'en douterait guère aujourd'hui, vous en conviendrez ; mais retournons à la musique. M. votre père avait fait passer Lauzun pour un Gluckiste auprès de

Mme de Blot, qui ne daignait plus jeter les yeux sur lui. — Vous devriez bien m'expliquer votre conduite où je ne comprends rien, lui dit-il un jour en lui tirant le bout de son gant par la pointe, à dessein de l'impatienter ; mais elle se laissa déganter en se reculant, plutôt que de l'honorer d'un mot de réponse, et je croirais assez que c'est pour un ou deux motifs de ce genre-là que je me suis enrôlée sous la bannière du compositeur allemand ; car je suis Gluckiste, et je suis bien aise de vous en prévenir. N'en plaisantez pas.

Les deux antagonistes, les plus passionnés l'un contre l'autre, étaient MM. Arnaud et Marmontel, tous les deux encyclopédistes et célèbres philosophes. Ils se faisaient une guerre impitoyable, et se reprochaient des choses monstrueuses, à propos de *révolution* musicale et de musique *fixée*.

— Mais, mon bon Dieu ! disaient avec raison le Père Garasse et M. Riballier, ces Messieurs nous accusaient d'intolérance, quand il était question des vérités les plus importantes et les plus utiles au genre humain ! Voyez donc comme ils se persécutent et comme ils se déchirent entre eux pour les choses du monde les plus futiles. Est-ce que l'objet de leurs disputes est plus facile à saisir que les maximes de la théologie dogmatique ? Est-ce que leurs explications sont plus satisfaisantes que les nôtres, auxquelles ils ne voulaient pas accéder parce que l'exigence de leur raison ne s'en contentait pas ? Les philosophes ont toujours agi comme leurs devanciers et leurs amis les protestans ; ils ont crié, pendant longtemps : liberté générale, indulgence absolue et tolérance universelle ! mais, quand ils en arrivent à l'application de leurs principes, on les trouve toujours astucieux et persécuteurs.

Écoutez une aventure du chevalier Gluck. Il nous disait un jour, à l'hôtel de Tessé, qu'un jeune homme de la plus belle physionomie, mais dont l'air était prodigieusement triste, était arrivé chez lui pour lui présenter, avec son hommage, une partition d'opéra qu'il avait composée sur le sujet d'Orphée déchiré par les bacchantes. Le poëme et la partition ne valaient pas grand'chose à son avis, mais il avait trouvé que la voix du jeune homme était si parfaitement belle et son expression tellement brillante ou attendrissante, avec à-propos, que ce grand compositeur en était resté saisi d'étonnement et d'admiration. Ce n'était pas des sons humains, disait Gluck, c'était comme un fluide éthéré qu'aurait épanché sans effort une source profonde et pure. — Prodigieux artiste ! dit-il à ce jeune homme en l'embrassant avec enthousiasme, la Providence a marqué votre destination naturelle ; entrez au théâtre, et vous serez le plus admirable chanteur qu'on ait jamais entendu ! — Monsieur, lui répondit le jeune homme avec un air modestement contrarié, je ne me soucierais pas beaucoup d'être comédien... — Comment donc, Monsieur, qu'est-ce que vous dites là, lui répliqua le directeur de l'Opéra français ; ouvrez les statuts et les archives de l'Académie royale de musique, et vous verrez que c'est un théâtre où l'on peut chanter sans déroger. Si vous suivez le conseil que je vous donne, je vous promets d'abandonner tous mes travaux pour ne m'occuper que de votre opéra d'Orphée, et c'est dans cette pièce-là que je vous ferai débuter. Vous avez l'air si profondément sensible et si mélancolique, que vous souffrez certainement de quelque peine du cœur, je n'en saurais douter. Soyez assuré qu'on peut trouver dans les grands succès d'amour-propre et principalement dans ceux du théâtre, une consolation puissante, et tout au moins une distraction salutaire, contre les regrets et les ennuis d'une passion malheureuse..... Le jeune homme ne voulut entrer dans aucun détail personnel et demanda seulement quelques jours de réflexion.

« Monsieur le Chevalier, lui répondit-il au bout d'une huitaine, il me faut renoncer à voir mon Orphée sacrifié par les Ménades et honoré par vos accords sublimes. J'ai fait mon possible pour l'étendre jusqu'à trois actes, ainsi que vous me l'aviez conseillé, mais il n'y a gagné que de la bouffissure ou du vide enflé, qui ne vous satisferait certainement pas. C'est à quoi s'est écoulé tout le temps que j'ai perdu depuis que j'ai eu l'honneur de vous voir.

« J'avoue, Monsieur, que le seul désir de ne pas vous contrarier m'avait fait promettre de réfléchir à la proposition de me vouer au théâtre. Je sais que les philosophes ont l'air d'estimer les comédiens, et je trouve que ce talent n'est pas moins rare que celui du peintre ou du poëte. Je sais qu'un homme qui l'exercerait avec honneur ne serait pas indigne d'estime, et que certaines maisons qui sont ouvertes à ceux qui se distinguent dans cette profession, très lucrative depuis quelque temps, doivent leur paraître un dédommagement pour celles qui leur restent fermées ; l'accueil des personnes du premier rang devant les indemniser du mépris qu'on leur porte ailleurs. Il est superflu de vous citer ici les représentations de Sainte-Assise, où Mgr le Duc d'Orléans joue pêle-mêle avec des acteurs à gage, en opposition avec l'hôtel de Créquy, où l'on a refusé d'admettre M. Dugazon pour y lire une pièce de comédie de Mme de Louvois, attendu qu'on aurait été forcé de l'y faire asseoir. »

« Je suppose tous ces brillans avantages assurés à mes talens futurs, et ma raison vous cède, mais vous ne vaincrez pas mon cœur. J'ai une mère et des sœurs sous le joug de l'opinion vulgaire. Tout gothique et tout suranné qu'il soit, ce préjugé donnerait la mort à celle de qui je tiens la vie. J'ai un neveu, Monsieur, et le malheureux jeune homme se trouverait privé, à son entrée dans le monde, de son appui le plus naturel, et du fruit des conseils que j'aurais perdu le droit de lui donner avec autorité. Mes deux sœurs qui sont mariées, rendues malheureuses, et celle qui ne l'est pas, dans l'impossibilité de trouver un parti sortable, et qui puisse convenir à ses vœux... voilà, Monsieur, les coups dont je frapperais ma famille, et il n'est pour moi nul succès de vanité personnelle, ni gloire de talent, ni acquisition de fortune, que je voulusse acquérir à pareil prix....... »

— Mais c'est de l'écriture de *Clair-de-lune!* m'écriai-je ; c'est une lettre du Marquis de Jaucourt ; il est certain que la beauté de sa voix tient du prodige et qu'il est d'une pâleur étonnante, mais il n'en est pas plus mélancolique, et je ne sache pas qu'il soit malheureux du tout (1). Si vous voulez voir son neveu dont il vous parle, *à son entrée dans le monde*, vous n'avez qu'à sortir dans le jardin, où vous le trouverez qui court après des cerceaux avec mon petit-fils. — Il aura sept ans la semaine prochaine, ajouta la Comtesse de Jaucourt, et le Chevalier Gluck en resta confondu.

M. de Jaucourt vint nous demander quelques jours après si nous trouvions que sa réponse avait été déraisonnable. — Mais ce n'est pas seulement de votre lettre qu'il est question, lui répondit sa mère avec toute raison, c'est de ce que vous allez vous ingénier pour vous moquer de ce brave homme, et surtout de ce que vous perdez votre temps à fabriquer des opéras. Je m'en veux mortellement de ce que vous faites le croque-notes, et si c'était à recommencer je ne permettrais pas que vous apprissiez seulement à connaitre la clé de sol. On dit que vous êtes toujours avec des piaillards et des braillards de chanteurs, avec des bassons, des pardessus-de-violes et des tambouriniers qui doivent être les plus sottes gens du monde et qui, du reste, ne valent pas mieux que les acteurs dont vous parlez si bien.

— Il est vrai que les musiciens sont bêtes *comme tout*, répondit-il avec cet air de sensibilité naïf et

---

(1) Charles-Léopold, Marquis de Jaucourt, mort en 1787, étant devenu Lieutenant-Général et Chevalier des ordres du Roi. (*Note de l'Auteur.*)

douloureux qui avait si profondément touché l'auteur d'Iphigénie. Toutes les fois que celui-ci rencontrait M. de Jaucourt au foyer de l'opéra : — Ah monsieur le Marquis! lui disait-il innocemment, quel malheur que vous ne soyez pas né de manière à pouvoir chanter sur un théâtre !!!

C'était la Duchesse de Saint-Aignan (Françoise Turgot), qui l'avait surnommé *Clair-de-lune* à cause de sa figure qui était d'une pâleur extrême et pourtant brillante, et c'était aussi pour le distinguer des autres Jaucourt ; ainsi, ne croyez pas à une histoire de revenant qu'il avait forgée pour y attacher l'origine de ce même surnom. Tout le monde prenait la liberté de s'en servir en l'adoptant à pleine approbation, tant il était bien applicable à ce beau Marquis, et voilà le danger des sobriquets. Mme de St.-Aignan en affublait tout son monde ; elle appelait le Comte de Chabrillan, *le gros chat*, et Mme de la Trémoille, *la très molle*, surnoms d'assez mauvais goût, comme vous voyez? Je vous conseille de n'en donner à personne et de ne jamais souffrir qu'on vous en applique.

A la frénésie pour la musique avait succédé la passion pour la tactique militaire, et la discussion roulait particulièrement sur le plus ou moins d'épaisseur qu'il faut donner aux bataillons quand on les dispose en front de colonnes. Je vous demande un peu ce que cela pouvait faire à l'abbé de la Colinière, ainsi qu'à Mme Cocquinaud de Lustrac et Mme Trudaine de Montigny?

On avait commencé par s'occuper de cette question-là, sérieusement, pertinemment, entre hommes, et pour se moquer de la suffisance de M. de Guibert qui venait de composer et publier un gros volume *ad hoc* et *in-quarto*, s'il vous plaît; mais comme ce M. de Guibert était devenu plus ou moins à la mode, il y eut de certaines dames entreprenantes et résolues qui, par engouement pour l'auteur du gros livre (et du Connétable de Bourbon), crurent devoir intervenir dans les débats. Ma foi, quand on vit que la première ligne des palissades avait été franchie par l'abbé de la Colinière et que Mme Trudaine s'en mêlait, il y eut une irruption générale dans le champ de la tactique! Tout le monde se mit à disserter à perte de vue sur la stratégie; chacun discourait à perdre haleine sur les avantages et les inconvéniens de l'ordre-mince ou de l'ordre-profond, et je ne sais plus pourquoi je m'étais déterminée pour l'ordre mince? M. de Penthièvre avait supposé que c'était pour éviter de me trouver d'accord avec le Comte de Broglie qui tenait pour l'ancien système, et sans doute il avait fallu quelque motif de cette importance-là pour me décider à prendre le parti des novateurs? — *J'avais eu très certainement une excellente raison,* comme disait toujours ma tante de la Ferté, *mais je ne me la rappelle pas.*

A cette folie stratégicale avaient succédé je ne sais combien de folies scientifiques, au nombre desquelles était celle d'un minéralogiste, appelé M. Sage, qui prétendait ressusciter les morts avec de l'alcali volatil, et faire de l'or en barre avec de la terre glaise. L'Académie des sciences avait discuté sur tout ceci très méthodiquement, et l'on créa, pour ledit M. Sage, une place de vingt mille livres de rente à l'hôtel des Monnaies.

Le système de résurrection, découvert par M. Sage, avait été remplacé par le système de M. Dufour, Chirurgien-major à l'École militaire, et celui-ci pouvait dispenser de la résurrection, comme vous allez voir. Aussitôt qu'on était malade, il fallait se frotter la peau des jambes avec des orties, et puis se coucher sur un lit, et s'enivrer avec de la liqueur d'absinthe de la Martinique (et de chez Mme Amphoux, s'il se pouvait?) On s'endormait infailliblement, et l'on se réveillait parfaitement guéri, disait le frater. La Faculté de Paris ne voulait pas approuver ces deux prescriptions thérapeutiques; mais on n'a pas vu que le Major Dufour en ait été renvoyé de l'École militaire, où l'on devait craindre, pourtant, qu'il ne fît frotter les pensionnaires du Roi avec des orties, et qu'il ne fît boire de la liqueur des îles à de petits garçons. Un fils du Baron d'Arconcey, que M. Dufour avait enivré d'absinthe, en fut si bien endormi qu'il ne s'en réveilla pas. On répondit à ses parents que l'exception prouvait la règle, et l'on donna la croix de Saint-Michel à M. Dufour, à la sollicitation de M. Necker et de M. de Monthion.

Remarquez bien que la France présentait alors un véritable phénomène social, en ce que la situation matérielle et politique du royaume était calme et prospère, et que tous les esprits s'y trouvaient en agitation. L'habitude du bonheur et de la sécurité, la douceur et l'indulgence du gouvernement, le peu d'intérêt qu'on prenait aux affaires extérieures, et même à celles d'Amérique, où notre pays se trouvait engagé; l'oisiveté des gens du monde et le manque de croyance avec le besoin de croire, enfin la manie d'enthousiasme ou d'engouement qui gagnait toutes les classes, et qui remplaçait chez nous toutes les opérations du jugement, telles que l'examen attentif et l'approbation raisonnable : tout cela, vous dirai-je, ouvrait une large brèche aux folies imaginatives, aux données incompréhensibles, aux explications inconcevables et tout ce qui s'en suit en fait d'absurdités.

Au milieu de ce tourbillon, parut un homme imposant par son air de sécurité fière et de cogitation méditative; un savant, un étranger (ce qui doublait nécessairement son mérite); et de plus, un homme assez jeune et parfaitement beau, ce qui n'y gâtait rien. Cet homme était en possession d'un secret qui maîtrisait tous les corps animés, et qui lui donnait la faculté de remédier à toutes les désorganisations de leur mécanisme, à toutes les causes de souffrance, à tous les maux physiques à toutes les *pénalités* de la nature humaine; et c'était par un principe universel, occulte, unique, et tellement simple dans son essence et dans le mode de son application, qu'il n'avait pas besoin d'un autre moteur et d'un autre agent qu'un acte de la volonté.

On apprit bientôt que le Docteur Mesmer avait trouvé des adeptes, et l'on distingua particulièrement Messieurs de Puységur, de la Fayette, Bergasse et d'Espréménil, parmi ses disciples ses plus fervens. Il s'était logé dans la maison des frères Bouret, place Vendôme, et voici comment on y procédait à l'application du magnétisme.

Il y avait au milieu d'une grande salle un baquet rempli de culs de bouteilles, lequel était recouvert d'une toile verte, et d'où sortaient des gaules de fer avec des robinets et des tourniquets; toutes ces tiges métalliques étaient courbées en demi-cercle, et ceci donnait au gros baquet l'apparence d'une araignée monstrueuse. Les Mesmeristes étaient là rangés qui-l'un qui-l'autre, et tenant chacun le bout de sa gaule appuyé sur ses yeux, dans l'oreille, aux reins, contre la poitrine, au creux de l'estomac, à la gorge ; etc., chacun des malades en posture et dispositions très variées, ceux-ci tremblans de frisson, ceux-là couverts de sueur ; les uns dans une agitation frénétique, en convulsions abominables et se roulant par terre, ainsi que les jansénistes de St.-Médard ; les autres en contemplation béatifique et comme en extase ! Et puis c'étaient des malades qui riaient à gorge déployée, tandis que leurs voisins bâillaient en pleurant, et pendant ceci M. le docteur Mesmer était dans un coin de la salle à jouer de l'harmonica. Il ne s'en dérangeait que pour venir, d'un temps à l'autre, appliquer un de ses doigts sur le front des magnétisés qui lui paraissaient avoir besoin d'une action si puissante et si propice ! Voilà quels étaient les procédés du mesmerisme et voici la doctrine du système.

Le docteur Mesmer avait débuté dans le monde savant par un ouvrage intitulé *de Planetarum influxu*, dont le but était d'établir que les corps célestes ne sauraient manquer d'exercer sur les corps animés, et particulièrement sur le système nerveux, une influence analogue à celle qui dirige et produit leurs attractions respectives. Il y parlait également de la propriété des aimans à laquelle il attribuait toutes sortes de vertus pour opérer la guérison des maladies. Mais cette association bizarre du neutonisme avec la cabale et l'astrologie ne lui valut aucun succès dans son pays. En arrivant dans le nôtre, il y fit paraître un *Précis historique et recueil de faits relatifs au Magnétisme animal*, et le plus grand nombre de ses lecteurs ne douta pas plus de sa bonne foi que de sa puissance magnétique. Il y disait avoir rendu la vue à Mlle Paradis (jeune aveugle), ce qui fut démenti par l'Académie de médecine, et il assurait qu'on pouvait *penser* pendant trois mois *sans langue*, ce qui parut inexplicable au point d'y faire supposer quelque faute de l'imprimeur. L'explication du docteur ne se fit pas attendre, et c'était un enchaînement de propositions inintelligibles.

Le fluide éthéré que M. Mesmer avait à sa disposition pouvait être *augmenté* par la volonté de l'homme et réfléchi par les glaces ainsi que par la lumière (il m'avait semblé que c'était *concentré* et *absorbé* qu'il aurait fallu dire), et du reste le même fluide pouvait être communiqué, propagé et appliqué par le son. Il était transportable et susceptible d'*accumulation*. Toutes les propriétés des substances matérielles et des êtres organisés se trouvaient soumises à *l'intention* et à la *rémission* de cet étrange fluide ; enfin Mesmer ajoutait à tout ceci que les êtres organisés sont analogues à des aimans, qu'ils ont des pôles ainsi que des antipathies matérielles, et que leur similitude est si parfaite que le *phéno-*

mène de l'inclinaison même s'y trouve régulièrement observé.

Les savans trouvèrent que l'absurdité de cette dernière assertion ne laissait rien à désirer, et relativement au phénomène de l'inclinaison du pôle, on alla jusqu'à dire à M. Mesmer qu'il avait pris, comme le singe de la fable, le nom d'un lieu pour celui d'un homme. Il ne s'en déconcerta pas le moins du monde; il eut la hardiesse d'adresser à M. de Maurepas, premier ministre, un mémoire apologétique, avec un *ultimatum* écrit de sa main, dans lequel il demandait au gouvernement français, non pas qu'on fît constater l'existence et l'efficacité du magnétisme, ce qui serait *inutile* et *puéril*, osait-il ajouter, tant la chose était notoire et magnifiquement prouvée; mais il demandait qu'on enregistrât les déclarations de toutes les personnes qu'il avait guéries, et qu'on voulût bien lui concéder, en rémunération de ses bienfaits, la propriété de la terre et du château de Surgy, lesquels appartenaient au domaine de la Couronne. Il ajoutait que si l'on voulait *marchander* avec un homme de son importance, il allait quitter Paris, sortir du royaume et renverser son baquet en abandonnant tous ses malades à leur malheureux sort.

Mon cousin de Breteuil s'était entiché, je n'ai jamais su comment ni pourquoi, du magnétisme animal. Il intervint dans la négociation, et fut se placer officieusement entre les prétentions du magnétiseur et les épigrammes de M. de Maurepas, de manière à ce qu'on fît proposer à Mesmer, au nom du Roi, devinez quoi, mon pauvre Enfant... C'était vingt mille livres de rentes viagères, avec un traitement annuel de douze mille livres, un logement au Louvre, et le cordon noir de Saint-Michel, avec le titre de médecin consultant pour Sa Majesté! On lui demandait seulement d'ouvrir un cours de magnétisme et d'y former trois élèves à la pratique de ses admirables procédés.

Comment voudriez-vous qu'une monarchie puisse aller avec des injustices et, tranchons le mot, des extravagances pareilles à celles-ci? heureusement pour la bonne réputation du ministre de la maison du Roi (Baron de Breteuil) que le docteur Mesmer se trouva tellement choqué de l'incivilité de ses propositions et de sa lésinerie, qu'il ne daigna seulement pas lui répondre, et qu'il partit brusquement pour les eaux d'Aix-la-Chapelle, emmenant plusieurs de ses malades avec lui : c'était les plus dévoués et les plus dociles : mais on ne manqua pas d'observer que ce n'était pas les moins riches. Un habile avocat, nommé Bergasse, parut alors sur la scène; il entreprit d'obtenir un dédommagement public en faveur de Mesmer, et pour le consoler du mauvais procédé de M. de Breteuil, il imagina d'ouvrir à son profit une souscription de cent actions à cent louis la pièce. C'était cependant à condition qu'aussitôt que la liste serait remplie, M. le Docteur aurait la charité de révéler toute sa doctrine, afin que la nation française, en première ligne, et l'humanité souffrante, en général, pussent être salutairement éclairées sur la mystérieuse organisation du baquet rempli de culs de bouteilles, sur les bons effets de l'application du doigt magnétique, et particulièrement sur l'emploi de l'harmonica dans les cas de surdité, car on assurait que la Marquise Lecamus lui devait sa guérison radicale (1).

Le docteur allemand préleva tout au moins cent cinquante mille écus sur la crédulité parisienne, au moyen de la souscription de M. Bergasse, et l'Avocat-Général au parlement de Dauphiné, qui s'appelait M. de Servan, fit paraître une brochure de sa composition, dans laquelle il nous conseillait d'ériger des statues sur les places publiques en l'honneur de M. Mesmer. Il aurait demandé des temples, s'il avait osé. Le fougueux d'Espréménil, assisté du Mis de la Fayette, allait pérorant et déclamant contre *la superficialité* du vulgaire et pour *l'infaillibilité* du magnétisme ; et c'était, je vous assure, avec autant d'enthousiasme et d'opiniâtreté qu'on les a vus déblatérer, pendant le reste de leur vie, contre *les institutions surannées,* en faveur de la *liberté* qui nous a procuré le régime de la terreur (2).

---

(1) Quant à Marguerite Lecamus, Marquise Lecamus et nièce du Cardinal Lecamus, Évêque de Grenoble, je vous dirai que son mari fut le premier gentilhomme français qui s'avisa d'appliquer un titre seigneurial sur son nom de famille et sans prédécession d'un article *datif.* Quand on lui demandait des nouvelles de son Marquis. — J'en suis excédée, et surtout pendant la nuit, répondait-elle, mais j'espère bien que le magnétisme m'en délivrera ! Elle avait entendu qu'on lui parlait de son rhume et non pas de son mari, tant elle avait été bien guérie par l'harmonica ! (*Note de l'Auteur.*)

(2) Antoine Mesmer, qui se qualifiait premier Médecin du Landgrave de Hesse et de S. A. le prince de Reuss, est mort à Stenitz en 1815, âgé de 82 ans. (*Note de l'Éditeur.*)

L'engouement désordonné pour le magnétisme avait été la première aberration de ces têtes mal faites, et l'on a remarqué que presque tous les principaux révolutionnaires avaient été Mesméristes passionnés.

Il faut vous dire à présent comment le peuple de Paris ne resta pas en arrière des gens du monde en fait d'enthousiasme pour les prodiges.

On ne savait ce que pouvaient devenir journellement tous les cochers, les palefreniers, les marmitons, les garçons de cuisine et surtout les laquais de la ville. On n'en pouvait garder à l'antichambre, et quand on les envoyait quelque part, ils n'en revenaient point. Les maîtres d'hôtel en perdaient la tête; et comme la même chose arrivait dans presque toutes les maisons, on avait fini par en parler dans le monde, où personne ne savait à quoi cela pouvait tenir.

Il était arrivé d'Alsace un prodigieux médecin, qui guérissait toute espèce de maladies par la simple imposition d'une de ses mains. Il ne recevait pas d'argent; mais il était convenu que les personnes qui pouvaient payer, donnaient quelque chose en s'en allant, et suivant leurs moyens, à une grosse fille qui se tenait toujours derrière la porte. Le peuple assurait que ce médecin distribuait aux pauvres du quartier l'argent qu'il avait reçu par ce moyen. Il avait été s'établir dans une maison de la rue des Moineaux, sur la butte Saint-Roch, et c'était là que toute la livrée de Paris tenait ses assises. Les femmes du peuple y jouaient un grand rôle, et je vous assure qu'elles auraient mis en lambeaux toute personne qui se serait permis de douter du pouvoir de ce charlatan. La mère de mon garçon d'office, par exemple, avait amené chez cet homme une de ses filles qui était boiteuse de naissance. Il lui toucha les hanches et lui ordonna de marcher sans béquilles. La boiteuse obéit et tomba sur le nez ; mais la mère s'écria que sa fille était une entêtée qui ne voulait pas marcher comme tout le monde ; elle entra dans une furieuse colère, elle se mit à lui casser ses béquilles sur le dos, et pour que la malade pût s'en retourner, son frère fut obligé de lui en aller chercher une autre paire (de béquilles). Le médecin désapprouva l'emportement de cette bonne mère ; mais tous les laquais et toutes ces femmes qui couvraient la butte, et qui virent la jeune fille s'en aller comme elle était venue, lui dirent que c'était sa faute, et peu s'en fallut que tout le monde ne la battît pour la punir de sa mauvaise volonté.

Vous imaginez bien que l'autorité fut révoltée de ce qu'il y avait un homme à Paris qui faisait muser les laquais et qui dérangeait les cuisiniers. C'était bien autre chose que les inconvéniens du magnétisme ! Mais, pour écarter un soulèvement populaire, ce qu'on avait toujours grand soin d'éviter sous le gouvernement de nos rois, paternellement, et pour ne pas avoir à sévir contre le pauvre peuple de Paris, qui est la plus stupide engeance de la terre, et qui du reste est la plus atroce et la plus infâme canaille de l'univers, on se crut obligé d'user d'artifice : on fit déguiser des hommes du guet qui furent prier le médecin de venir avec eux chez Mme la Maréchale de Noailles qui voulait le consulter, et que ses infirmités retenaient chez elle. On le mena chez un commissaire de police du quartier Saint-Denis, qui le fit monter dans une cariole et conduire à dix lieues de Paris, avec injonction de n'y rentrer jamais. On trouva chez lui près de vingt mille francs en petits écus, pièces de vingt-quatre et de douze sous, que M. le lieutenant de police ordonna de laisser à la disposition de la grosse fille.

Ce qui fit le plus grand honneur au magnétisme fut la mort du docteur Deslon, son second prophète. D'une constitution robuste, et âgé seulement de quarante ans, ce médecin supportait à lui tout seul, depuis l'hégyre de Mesmer, toutes les fatigues de la superintendance et des opérations magnétiques. Il en avait supprimé l'harmonica, dont il ne savait pas jouer; mais il avait ajouté le somnambulisme au mesmerisme, et c'est un grand bénéfice. Une somnambule, interrogée par lui sur une douleur qu'il éprouvait au creux de l'estomac, lui répondit qu'elle y voyait une cause de mort certaine et prochaine; que c'était un point noir, exubérant et putrescent. (La somnambule était une paysanne de Chatou). Elle ajouta que la grande quantité de fluide magnétique, que ce docteur absorbait et qu'il dirigeait sur ses malades, avait l'inconvénient de lui corroder le système nerveux, de lui allumer la bile et de lui décomposer le sang, d'où venait qu'elle lui donnait le conseil de se baigner souvent et de ne magnétiser personne avant le retour du printemps, ni surtout pendant la canicule où l'on allait entrer. Cette fille ne lui laissa pas ignorer qu'il ne vivrait pas deux mois s'il ne suivait son avis, dont il ne tint compte; et le docteur Deslon mourut effectivement six semaines après (1).

J'ai vu cette somnambule, et je l'ai consultée par simple curiosité d'abord, et puis dans un sentiment qui n'était pas du tout l'opposé de la confiance. Elle avait dit à Mme votre mère, en présence de moi, que sa maladie provenait d'une humeur rhumatismale, combinée d'un appauvrissement de la lymphe et fortifiée d'un restant de dépôt laiteux; rien n'était plus véritable, et la tisane indiquée par elle était un chef-d'œuvre de combinaison médicale, au dire de Marjault, du vieux Lebègue et de l'avis du docteur Sallin, grand ennemi du magnétisme, ainsi que chacun sait. Elle y prescrivait cependant une chose dont les trois médecins ne pouvaient s'expliquer la propriété curative, et c'étaient des feuilles de coudrier. On essayait de n'en pas mettre dans la tisane, et la malade ne s'en trouvait pas si bien; on en remettait dans la tisane, et la malade s'en trouvait au mieux. Je ne voulais pas la consulter pour mon propre compte, mais on m'en obséda si fortement que je finis par lui confier une de mes mains qu'elle s'appliqua sur l'estomac (au niveau du *plexus solaire*, disait-elle); ensuite elle ferma ses yeux avec un air de satisfaction dont je lui sus tout le gré possible, et cinq minutes après elle se mit à dire en souriant, — parlez-moi de ça.

(1) Charles Deslon, Docteur Régent de la faculté de médecine de Paris et premier médecin ordinaire de Mgr le Comte d'Artois. Il mourut, ainsi que le rapporte Mme de Créquy, le 24 août 1786. (*Note de l'Éditeur.*)

— On n'a jamais vu si bonne disposition. — Vous vivrez cent ans. — Si vous buvez davantage et ne vous chauffez pas, vous ne serez jamais malade.

Cette fille était âgée de trente-quatre ans ; elle ne savait pas lire et n'était jamais sortie, jusque-là, de la basse-cour de Mme de Maupeou (la Chancelière). C'était la créature la plus simplement ingénue qui se puisse trouver. Quand elle était dans son état naturel, on n'aurait pu tirer d'elle une seule parole, ne dirai pas scientifique, mais correctement prononcée, et du resté il est assez connu que M. de la Mothe-le-Vayer ne pouvait regarder en plein jour par sa croisée sans éprouver des vertiges et sans frémir, tandis qu'il allait courir toutes les nuits sur les toits de l'hôtel de Maupeou, comme un chat maigre. Mais c'était par un effet du somnambulisme naturel ; et reste à savoir comment le magnétisme a le pouvoir de provoquer et la propriété d'*utiliser*, comme disait M. Darcet, cette disposition phénoménale ? Je ne vous en puis donner aucune explication : je n'en sais pas plus que vous ; mais ne croyez pas que j'aie été la dupe d'une comédienne.

Dans l'état présent du magnétisme, on a supprimé le baquet et les tiges métalliques ; mais la croyance au fluide a survécu dans l'esprit de certains adeptes à la puissance de l'harmonica, et la plupart des magnétiseurs attribuent simplement l'action du magnétisme à l'action de la volonté. J'ai vu magnétiser Mme de St.-Julien, M. de la Gorce, et Mme Lecamus par M. de Puységur. M. de la Gorce, aussitôt qu'il fut touché, tomba dans le somnambulisme et parla comme un insensé, ce qui n'était certainement pas son habitude autrement que dans un pareil état de crise. Mme de St.-Julien fondit en larmes et fit des sauts de carpe, avec des cris de chouette, et la M^ise Lecamus qui ne s'endormit pas, resta comme une bûche, à peu près dans son état naturel.

Le procédé du magnétiseur ne me sembla pas précisément scandaleux, comme on le prétendait; mais il me parut tout-à-fait dépourvu de bienséance. Il était assis devant ces dames, ses pieds touchant les leurs; ses regards enfoncés dans leurs yeux, en serrant fortement leurs genoux entre les siens : il leur tenait les mains appliquées dans les siennes, au grand ouvertes, avec les quatre pouces et les doigts majeurs en correspondance immédiate, à dessein d'influer sur le battement des artères à l'unisson : c'est la raison qu'il en donnait, et voilà ce qu'on appelle se mettre *en rapport*. Ensuite le magnétiseur promena doucement ses mains, à partir de la tête aux pieds, sur toutes les parties du corps de ces dames, en ayant soin de s'arrêter pendant la valeur d'une minute à chaque articulation des membres, et lorsque le sujet magnétisé fut supposé par lui devoir être suffisamment pénétré de fluide, il administra ce qui s'appelle le magnétisme à *grands courans*, ce qui consiste dans un mouvement à distance opéré largement avec les deux mains ouvertes et les doigts écartés, laquelle action est dirigée de la tête aux pieds avec la plus grande accélération. Ceci produisit un même effet sur ces trois personnes, dont les visages devinrent absolument décolorés, et qui prièrent le magnétiseur de s'arrêter parce que la plante des pieds leur *brûlait*. M. de la Gorce ajouta

que ses jambes allaient *éclater comme deux gargousses*.
M. de **Puységur** y remédia fort aisément en leur soufflant sur la figure, qui reprit tout aussitôt sa carnation naturelle, ensuite il administra ce qu'il appelait des *passes en définitive*, et le plus beau résultat de la séance fut de me faire tomber dans une attaque de nerfs, la première et la dernière que j'aie éprouvée, depuis soixante et seize ans que j'ai vécu, jusqu'à présent. Mme de St.-Julien se trouva parfaitement guérie d'un horrible mal de tête. M. de la Gorce, qui ne s'était fait magnétiser que par curiosité, n'en éprouva ni bien ni mal, excepté la contrariété d'avoir battu la campagne en si bonne compagnie ; enfin Mme Lecamus n'en fut pas moins sourde, et vous conclurez de ceci tout ce qu'il vous plaira.

Je ne doute pas que Mesmer ne fût un charlatan, et je pense que sa combinaison du baquet, avec ses tringles de fer et son harmonica, n'était que du charlatanisme ; mais je ne saurais douter de la réalité d'un phénomène appelé Magnétisme et dont Mesmer a découvert l'existence.

J'en ai vu de prodigieux effets que je suis bien assurée d'avoir jugés froidement, sans complaisance, et sans prévention ; mais l'utilité du Magnétisme ne m'est pas démontrée, et son danger me paraît manifeste.

Je ne saurais nier que sur certains individus et dans certains cas, son efficacité puisse agir salutairement, en apparence ; mais j'ai remarqué que la plupart des hommes étaient insensibles à l'action du magnétisme, et j'ai connu grand nombre de femmes auxquelles il faisait toujours et dans tous les cas un mal affreux (1).

Je ne sais pas et je ne saurais savoir s'il est vrai que le magnétisme est un remède assuré dans toutes les maladies atoniques, et je ne dirai pas qu'il ne soit salutaire aux individus chétifs ou débilités; mais ce que je sais fort bien, c'est que son emploi m'a paru très dangereux dans les maladies inflammatoires, et tellement dangereux qu'il a déterminé des morts subites en pareil cas. Voilà ce que je vous garantis et dont je vous avertis.

Quant aux phénomènes du somnambulisme, je vous dirai qu'ils n'avaient rien d'incroyable pour moi, parce que j'avais passé mon enfance à ouïr parler de somnambules à Montivilliers, où les Demoiselles d'Houdetôt tracassaient toutes les nuits, et sautaient quelquefois par les fenêtres afin d'aller grimper aux arbres, et nager dans les étangs du parc au cœur de l'hiver.

La cadette écrivait comme un chat quand elle était réveillée; sa troisième sœur avait une fort belle écriture, mais lorsque la contagion du somnambulisme l'avait gagnée, et pendant que les autres étaient à lutiner dans les bois, ladite sœur cadette, appelée Mlle d'Épronville, se mettait à l'ouvrage et faisait la besogne de tout le monde, en imitant si bien l'écriture de chacune de ses sœurs (à tâtons) que la maîtresse de classe et la propriétaire du cahier ne pouvaient plus recon-

(1) Expertæ crede Robertæ.

naître la ligne d'écriture où l'on s'était arrêté la veille.

J'ai vu dans le bourg de St.-Fal, auprès du château de Mme votre mère, une cataleptique, appelée Mlle de Bourgneuf, qui passait huit mois de l'année couchée sur le dos sans manger, sans boire et sans faire aucune espèce de mouvement. Sa respiration n'était pas sensible à l'oreille, et son expiration ne marquait pas sur le miroir. Elle se réveillait subitement au bout de son accès ; elle vivait pendant cent vingt et un jours à la manière de tout le monde, et retombait en catalepsie pour deux cent quarante et deux jours, bien comptés ; ce qui s'est exécuté périodiquement pendant sept années consécutives, et jusqu'à sa mort, arrivée le 4 octobre 1765.

J'ai vu la cataleptique de l'abbaye de Montmartre, et j'ai vu comme tout le monde, ou j'ai cru voir, au moins ; car, en vérité, dans une vision pareille, il est permis de suspecter le témoignage de ses propres yeux, de ses oreilles et de sa judiciaire humaine! J'ai cru voir, il m'a semblé, on ne doute pas, et nous avons dû croire que cette pensionnaire de Montmartre avait non pas *lu*, si vous voulez, mais *aperçu*, devant nous, les yeux fermés et *par l'estomac*, le contenu de deux lettres pliées, fermées et cachetées, que M. Bergasse venait d'écrire dans une autre chambre, sous la dictée de la Maréchale de Ségur et de la Comtesse de Virieu qu'il n'avait jamais ni vues ni connues, auxquelles il n'avait jamais écrit, ni fait parler ; et qui du reste n'auraient pas voulu se prêter à des piperies dont cet honnête M. Bergasse était incapable pour son propre compte. On avait d'abord appliqué les deux billets cachetés sur la poitrine de la cataleptique ; elle demanda qu'on les lui posât sur le creux de l'estomac, l'un après l'autre ; elle commença par nous dire qu'il s'y trouvait une ligne absolument illisible, en conséquence d'une rature dont on n'avait pas eu la précaution d'étancher l'encre avant de fermer un de ces billets, et ceci, dont on ne s'était pas aperçu, fut trouvé ponctuellement vrai lorsque nous ouvrîmes cette lettre. Nous fûmes témoins de plusieurs autres phénomènes dont on a dressé procès-verbal, et vous en trouverez la copie dans mes papiers ; mais les membres de la faculté de Paris ne voulurent pas en entendre parler ; ils ont toujours pour les cataleptiques une abomination sans égale, attendu qu'ils ne savent qu'en dire, et parce que les docteurs ne doivent ignorer de rien.

Les phénomènes du magnétisme ne sont pourtant pas moins avérés que ceux de l'état cataleptique et du somnambulisme, et ceux-ci n'ont d'autre avantage sur celui-là que d'avoir été connus des naturalistes anciens, ce qui fait que les docteurs modernes n'osent pas s'inscrire en faux contre la notoriété publique et sempiternelle. Mais la découverte du magnétisme est récente, et voilà pourquoi les savans proprement dits ne veulent pas convenir de sa réalité. Je ne parle ici que pour son existence et non pas en faveur de son utilité, prenez-y bien garde et résumons-nous. La plus grande partie des humains n'est pas accessible aux effets du magnétisme. L'application magnétique et directe est plus souvent nuisible aux malades qu'elle ne leur est salutaire. Tous les individus qui sont organisés de manière à recevoir l'impression du magnétisme, ne sont pas susceptibles d'entrer en état de somnambulisme. Tous les somnambules magnétiques ne parlent pas; tous ceux qui parlent ne sont pas clairvoyans : la plupart de ceux qui distinguent leur état avec lucidité, n'ont pas la même aptitude en faveur des autres malades; enfin les plus clairvoyans ne le sont pas toujours, et les somnambules qui font payer leurs consultations ne sont presque jamais de bonne foi.

Le peu que je viens de vous dire au sujet de ces trois phénomènes de la catalepsie, du somnambulisme et du magnétisme, est tout ce que j'en sais; mais je suis persuadée que ceux qui vous en diront plus que moi n'en sauront pas davantage.

Il faut savoir ignorer, mon fils; il faut s'y résigner humblement avec un sentiment de résolution soumise. Il faut dire à son intelligence humaine, ainsi que l'Éternel à l'Océan révolté : — « Tu n'iras pas au-delà de ces rochers où j'ai marqué ta limite; ici tu briseras l'orgueil de tes flots. »

CHAPITRE VII.

Voyage du Marquis de Créquy en Italie. — Vengeance du Chevalier Acton contre lui. — Dépêche diplomatique à ce sujet. — Scrupule de conscience. — Lettre de l'auteur au Cardinal de Bernis. — Affaire du Marquis de Créquy contre le Duc de Chartres (Égalité). — Duel du Prince de Condé avec M. d'Agoult. — Couplets de M. de Champcenets et opinion du Prince de Lambesc sur le Duc de Chartres. — Indisposition mentale et révélation pénible.

A la suite d'une affligeante et longue maladie de mon fils, pendant laquelle je passai quinze ou dix-huit mois dans une réclusion complète, il était allé faire un voyage en Italie, au printemps de l'année 1784 ; vous avez vu comment nous avions été reçus, dans ce pays-là, votre grand-père et moi ; vous allez voir comment y fut accueilli votre père, et vous en conclurez que *trop parler nuit* ; je l'espère au moins. Je vous dirai donc, car c'est un détail dans lequel je crois devoir entrer avec vous de peur que vous ne l'appreniez par ailleurs et d'une manière inexacte ; je vous dirai donc, et je voudrais ne jamais arriver à la fin de ma phrase à cause de la difficulté de l'entreprise et de la contrariété que j'en éprouve, que votre père avait dit étourdiment, chez le Cardinal de Bernis, Ambassadeur de France, et devant cinquante personnes, au nombre desquelles il se trouvait apparemment des amis ou des obligés du Chevalier Acton, que le père de ce favori de la Reine de Naples, avait été valet-de-chambre du sien, et que lui-même avait été *rasé* deux ou trois fois par ce domestique irlandais (1). Il faut vous dire que mon fils s'était trompé de personnage, en ce qu'il avait pris un oncle de ce Ministre pour le père de Son Excellence, et quoi qu'il en fût, on lui signifia la défense d'entrer dans le royaume de Naples, ainsi que dans les villas romaines qui appartenaient à cette couronne. Voilà qui fit un bruit terrible, et qui mécontenta le Cardinal de Bernis, au point de le décider à m'en écrire en m'envoyant une copie de sa dépêche officielle, afin que j'en allasse parler directement au Roi, à Monsieur (parce que mon fils était Premier Maître de l'hôtel de Madame), au Ministre des affaires étrangères, à l'Ambassadeur de Naples; enfin, si j'en avais cru M. de Bernis, je serais allée conjurer toutes les puissances du ciel et de la terre, afin d'obtenir vengeance et réparation d'une pareille énormité.

Je répondis au Cardinal de Bernis que, lorsque le Duc de Créquy avait été insulté dans les rues de Rome, on ne fut pas s'adresser à sa mère, la Princesse de Poix, mais à son cousin, le fils aîné de l'Eglise, auquel il avait l'honneur d'appartenir tout autrement qu'à raison du protocole usité pour les

---

(1) Antoine Acton, premier Ministre de LL. MM. Siciliennes, né à Besançon en 1757, mort à Pancerata en 1808.

(*Note de l'Éditeur.*)

Cardinaux et les Maréchaux. — Votre Éminence veut bien m'assurer qu'elle compte sur mon *activité*, lui disais-je; mais elle ne s'est pas occupée de ma *sincérité*. Si je ne suis pas encore assez vieille pour mourir, je suis trop vieille pour courir, et surtout, Monseigneur, je suis trop équitable pour aller plaider une affaire où ma conscience ne me permettrait peut-être pas de témoigner favorablement du côté le plus naturel et suivant l'attrait de mon cœur...

Votre père en conçut une irritation fort injuste. C'est à partir de là que sa tendresse a diminué pour moi; j'en ai gémi sans en éprouver de repentir. J'avais agi suivant la justice et selon ma conscience; je vous aime tendrement, et vous n'en sauriez douter; mais je ne me conduirais pas autrement envers vous dans un cas pareil. Que voulait-on que je fusse dire à Versailles, à moins d'y solliciter *indulgence*, en compromettant la prudence ou la véracité de mon fils? Je ne sais rien dire en faveur des gens qui n'ont pas raison, et les liens du sang ou de l'amitié n'y font rien du tout, sinon d'augmenter mon embarras et de fortifier mes scrupules, de manière à les rendre insurmontables.

On a dit aussi qu'ayant parlé de la Maison de Lorraine avec trop de hauteur et d'inconsidération, votre père avait reçu de l'Archiduc Léopold un avis qui l'aurait empêché de séjourner à Florence, et qu'il aurait traversé l'État de Toscane, accompagné par deux gardes forestiers de ce Grand-Duc. Il n'y a pas dans cet épisode une seule parole de vérité. Il demeura pendant trois mois à Florence; mais ceci n'empêcha pas que ce ne fût un triste voyage, dont vous allez voir que les suites ne furent pas sans inconvénient pour la tranquillité de ma belle-fille et pour la mienne.

M. le Duc de Chartres, environ trois semaines après le retour de votre père, s'était avisé de raconter cette belle histoire de Rome, en ayant la bonté d'ajouter que le chevalier Acton était de ses meilleurs amis : c'était dans un souper à Mousseaux et devant douze ou quinze personnes. Il paraît que cet honorable prince avait appliqué sur mon fils je ne sais quelle expression dont il n'était pas en droit de se servir, et votre père se mit à le poursuivre à dessein d'en obtenir réparation.

On vint me raconter qu'il s'était approché de M. le Duc de Chartres, au milieu de la grande allée des Tuileries, en lui disant : — *Monseigneur, si j'avais eu des excuses à vous demander pour avoir parlé, comme je l'ai fait, d'un de vos amis (lequel est fils ou neveu d'un ancien domestique de mon père), j'en aurais été empêché par égard pour vos autres amis, qui sont presque tous de même étoffe que celui-là. Qui se ressemble s'assemble!...* Et le voilà qui se tient ferme en attendant la réplique.

— Mais, Monsieur, lui répondit le Duc de Chartres en balbutiant, je ne sais ce que vous voulez dire.... je ne sais pas ce que vous voulez dire... je ne sais pas du tout ce que vous voulez dire! et voilà tout ce qu'il fut possible d'en tirer pour cette fois-là.

— *Monseigneur, on dirait que vous êtes encore embarqué sur le St.-Esprit; ne vous effrayez donc pas, vous êtes à côté de M. de la Touche......*

Celui-ci voulut prendre la parole, et le Marquis le fit taire en lui disant : — *Je parle de vous, mais je ne vous parle pas, laissez répondre votre maître, et tâchez d'en obtenir quelque chose de plus significatif.*

M. de la Touche voulut poursuivre, et mon fils laissa tomber de ce côté-là d'étranges paroles.
— *Monsieur ! Monsieur le Comte de la Touche-Tréville! répondez d'abord à cette question-ci ; répondez-moi pour votre compte, avant de parler pour votre prince : est-ce que vous êtes Gentilhomme?*..... (1)

On se précipita pour les séparer, mais le Duc de Chartres avait disparu prudemment. Votre père assembla tous ses amis, et chacun fut d'avis qu'il devait se tenir tranquille en attendant Mgr le Duc de Chartres et son chancelier qui devait dire le reste.

Le surlendemain, lettre de ce M. de la Touche, avec proposition de se rencontrer au bois de Vincennes, et réponse de mon fils pour demander si M. le Duc de Chartres ne lui ferait pas l'honneur de s'y trouver ; il ajouta qu'il ne voudrait accorder satisfaction aux officiers de ce Prince, qu'après l'avoir reçue de S. A. S. Et puis des phrases de hauteur amère ; il y aurait beaucoup moins de distance

---

(1) Sarcasme d'autant plus insolite que le Comte de la Touche avait dû faire ses preuves avant d'être reçu dans la marine royale, et qu'il était déjà chevalier de St.-Louis.—Son caractère n'était peut-être pas des plus estimables, mais la noblesse de sa naissance était tellement incontestable que le Roi Louis XVI n'avait pu lui refuser son aveu pour exercer la charge de Chancelier de la maison d'Orléans.   (*Note de l'Éditeur.*)

et de condescendance de la part du Prince que du côté de M. de Créquy. Le Duc d'Orléans, frère de Louis XIII, ayant brusqué le duc de Créquy, son parent, n'avait pas refusé de mesurer son épée avec la sienne ; ensuite arrivait la fameuse histoire du Comte de Créquy-Blanchefort qui *s'était assuré*, comme dit Samuel Guichenon, *de quelle couleur était e sáng royal de Savoye*, et puis le duel de son fils avec un Duc de Lorraine et de Bar ; *item*, un combat singulier entre M. le Comte de la Marche (Louis-François de Bourbon-Conty) et le Chevalier d'Aguesseau (combat *singulier*, s'il en fut jamais) ; enfin l'exemple de M. le Prince de Condé, chef de sa branche, lequel avait naguère accordé la satisfaction des armes au vicomte d'Agoult, puîné de sa famille et parent de M. de Créquy, lequel attendait la même réparation du fils de M. le Duc d'Orléans (1).

(1) Le 20 novembre 1779, M. le Prince de Condé, se rendant à Versailles et changeant de chevaux à Sèvres, y fut interpellé par M. d'Agoult, qui monta sur le marche-pied de sa portière et lui témoigna la nécessité où il se trouvait de lui demander satisfaction, ainsi que le jour, le lieu, l'heure du combat et le choix des armes. C'est parce qu'il avait été prié de donner sa démission de la charge de premier écuyer, qu'il occupait auprès de S. A. Sérénissime, en exécution d'un ordre de Monseigneur, et pour avoir tenu quelques propos contre une femme de sa cour (la Princesse de Monaco). Ce jeune seigneur ajouta quelques mots d'excuse au sujet de cette liberté qu'il osait prendre avec une personne du sang royal dont il avait été le domestique.

M. le Prince de Condé s'est découvert et il a dit à M. d'Agoult : — Monsieur, je pourrais vous refuser parce que vous avez été de ma maison, et que je n'ai pas eu l'intention de vous offenser

Le Duc de Chartres en voulait peut-être à mon fils, à qui l'on attribuait la chanson suivante, et c'était bien injustement; car elle était de ce petit M. de Champcenets; et votre père qui savait chansonner jusqu'au vif aurait certainement fait beaucoup mieux :

« Chartres, de nos princes du sang
« Est le plus brave assurément !
« Après avoir bravé Neptune,
« Bravé l'opinion commune,
« Émule de monsieur Robert,
« Le voilà qui brave encore l'air.

---

mais celle de vous punir; cependant, je vous accorde votre demande et j'y fais droit, comme il est de justice entre gentilshommes. — Demain à huit heures, au Champ-de-Mars, à l'épée et en chemise. Il a relevé la glace de son carrosse, et fouette cocher ! Ils se sont battus samedi dernier, en présence de MM. de Choiseul et du Cayla, témoins du Prince, et de MM. de Créquy et de Sabran pour leur cousin M. d'Agoult. Le Prince de Condé a reçu un coup d'épée dans le bras droit; il s'est fait panser sur le champ de bataille, et s'est fait immédiatement conduire à Versailles, pour déterminer le Roi à ne pas se mêler de cette affaire, et pour le supplier de paraître n'en rien savoir, ce que S. M. a fini par accorder en recommandant à son cousin de se conduire une autre fois avec plus de soumission pour les lois du royaume et plus de respect pour ses ordonnances. Les deux Messieurs d'Agoult continuent leur service comme si de rien n'était, l'un dans les gardes-du-corps et l'autre dans les Gardes-françaises. Toute la noblesse est enchantée de la bonne tenue du jeune d'Agoult, de la bonne conduite de M. le Prince de Condé et de la bonté de notre bon Roi.

(*Manus. du Comte de Nugent.*)

« Admirez comme il est *volant*
« Au sein de cet autre élément !
« Quel cœur, et surtout quelle tête !
« Rien ne l'émeut, rien ne l'arrête ;
« Son rang, ses amis, sa moitié,
« Ce héros foule tout aux pieds !

« Il peut aller dorénavant
« Tête levée, le nez au vent ;
« Il est, les preuves en sont claires,
« Fort au-dessus de ses affaires.
« Ma foi, ce grand prince aujourd'hui
« Doit être bien content de lui !

« Mais soudain, quel revers, hélas!
« Ne vois-je pas mon prince en bas ?
« Comme il est fait, comme il se pâme !
« On dirait qu'il va rendre l'âme ;
« L'âme ! — allons donc, — c'est bien le cas,
« Peut-on rendre ce qu'on n'a pas ?

—Mon ami, disait M. de Lambesc à mon fils, c'est comme si tu chantais vêpres ! Ce prince-là, vois-tu bien, remonterait plutôt dans un ballon que de retourner sur un navire, ou d'aller se placer devant la pointe d'une épée. Il a peur du fer et du feu, de l'eau et du plomb; et comme il est connu pour un lâche, si tu t'acharnes à le faire dégaîner, sachant bien que c'est impossible, on dira que c'est ridicule et l'on se moquera de toi. On t'a dit qu'il avait dit en parlant de toi : *Ce misérable, fou, mon ami le Chevalier Acton n'en aurait fait qu'une bouchée!* Comment, diable, vas-tu ruminer et songer creux sur un pareil propos d'un pareil homme? Renvoie-lui donc son épithète de *misérable*, qui n'est qu'une bêtise à propos d'un homme de ta naissance, de ton caractère et de ton esprit, tandis qu'elle est pour un Aëronaute et pour un Vice-Amiral de son étoffe, un double soufflet à lui faire un masque, appliqué tout juste comme de cire! Il s'est servi du terme de *fou*, et pour ceci, laisse-moi te dire en bonne amitié que c'est une chose qu'il ne faudrait peut-être pas relever, après quinze mois d'une maladie comme la tienne?... On se rabattra sur ta réclusion pendant ce temps-là, sur le bruit public et sur des paroles échappées à tes médecins. Ce sera des explications désagréables pour toi, difficiles à donner pour nous, impossibles à tourner favorablement, peut-être? et tu peux bien compter que les Du Crest, La Touche et Sillery ne manqueront pas d'appuyer précisément là-dessus, en disant, pour t'embarrasser et nous aussi, que M. le Duc de Chartres avait proféré ce mot-là dans un sentiment de compassion, sans air de mépris, sans intention dénigrante, et autres fariboles, à quoi tu ne sauras que répondre. A présent, mon cher ami, rappelle-toi que la Duchesse de Chartres est la fille de M. de Penthièvre qui est au supplice, et que ta mère est au désespoir de tes violences qui ne sauraient aboutir à rien, si ce n'est à vouloir afficher que le gendre d'un prince, un homme exquis, lequel a pour toi des entrailles de père, est un impudent bavard, un coquin sans courage et sans vergogne, ce que tout le monde savait déjà. Jusqu'à présent, mon ami, nous avons renfermé la chose entre nous pour en écarter le public, et pour éviter les caquets de Paris; mais on en parlait hier à Versailles, et si le père d'Orléans s'en mêle, il est à prévoir que le Roi ne te donnera pas raison. Je sais bien qu'il exècre et méprise le Duc de Chartres; mais ce sera pour la satisfaction des autres princes du sang, et pour l'honneur de la maison royale. Enfin, souviens-toi bien de ce que je t'assure aujourd'hui : si tu ne laisses pas ces honorables gens du Palais-Royal essuyer tranquillement toutes les saletés que tu leur as jetées à la figure, on dira que tu fais le bravache, et l'on aura soin d'ajouter avec perfidie que tu n'es peut-être pas tout-à-fait revenu dans ton bon sens. Voilà ce qui te menace à mon avis, et ce que j'ose te dire est la plus forte preuve de bonne amité que je puisse te donner.

Votre pauvre père en eut encore une indisposition capitale. M. le Duc de Penthièvre avait obtenu de son gendre un acte de désaveu ; mais cette déclaration parut à mon fils (qui savait à quoi s'en tenir) si lâchement hypocrite et siplatement rédigée, qu'il en éprouva subitement un horrible accès de colère et de mépris ; les tristes effets de cette émotion se prolongèrent pendant cinq ou six mois. Si je me décide à vous laisser quelques instructions sur un si triste sujet, mon cher petit-fils, c'est afin qu'elles ne vous parviennent pas d'une manière infidèle, c'est à contre-cœur et les larmes aux yeux ; mais je sais bien ce que je fais........ (1)

(1) En respectant le sentiment qui porte l'auteur à s'exprimer sur un sujet aussi pénible avec une circonspection maternelle, on croit pouvoir ajouter que, depuis cette maladie, Mme de Créquy n'a presque jamais cessé d'éprouver des chagrins ou des inquiétudes à l'égard de son fils. (*Note de l'Éditeur.*)

CHAPITRE VIII.

Légères contestations dans la famille royale. — La Reine et MADAME. — Mot de M. le Comte d'Artois à ses deux belles-sœurs. — Explication de la Reine avec MONSIEUR. — Réplique de ce Prince et embarras de la Reine. — Les enfans d'Orléans. — Le Duc de Valois, sa sœur et ses frères. — Leur éducation par M. Bonnard. — Leur éducation par Mme de Genlis. — Plaisanteries de Monsieur sur cette éducation. — Marque du jugement précoce de Louis-Philippe, alors Duc de Valois. — La désapprobation qu'il fait d'un acte de l'Évangile. — Révélation de sa gouvernante au sujet de son caractère. — Son talent chirurgical et résultat d'une saignée qu'il avait opérée sur deux paysans. — Talent de Louis-Philippe pour la poésie *française*. — Remerciement poétique de sa composition (il est en vers celui-ci).

On a beaucoup parlé de certaines contestations qui seraient survenues entre les Princesses de la famille royale, et l'on allait jusqu'à leur donner un caractère de brouillerie qui n'a jamais existé, du côté de la Reine au moins. Tout ce que j'en ai pu savoir, et je crois que personne n'en a su plus que mon fils, c'est que Madame, Comtesse de Provence, ne voulait pas jouer la comédie sur le théâtre du Petit-Trianon, et qu'elle avait dit que ce serait une inconvenance.

— Mais, je la joue, moi qui vous parle, avait

dit la Reine, et le Roi n'y trouve aucun inconvénient.

— Madame, avait répliqué sa belle-sœur, il en est de ceci comme de ce que disait Bossuet sur les spectacles, il y a de grands exemples pour et de bonnes raisons contre; et du reste, une Princesse de Savoie ne saurait manquer de grands exemples à défaut de bonnes raisons.

— Mon frère, avait dit la Reine en s'animant et en appelant M. le Comte d'Artois comme à son secours, venez donc faire la partie de Madame, et prosternons-nous devant les éternelles grandeurs de la maison de Savoie? J'avais cru jusqu'ici que la maison d'Autriche était la première.......

— Mesdames, interrompit M. le Comte d'Artois, j'avais cru tout autre chose, et par exemple, j'avais cru que vous aviez ensemble une discussion sérieuse, mais comme je vois que cela tourne à la plaisanterie, je ne m'en mêle plus.

La Reine à qui l'on eut soin de faire apprendre certaines choses qui n'entrent pas dans l'éducation des Archiduchesses, à ce qu'il paraît, et qui sont relatives à la parvulité des Comtes de Habsbourg, auteurs de la maison d'Autriche, ainsi qu'à la vassalité de la maison de Lorraine à l'égard de la Couronne de France, la Reine en éprouva tant d'embarras et de contrition, qu'elle désira s'en expliquer directement avec Monsieur. Elle le fit prier de vouloir bien passer chez elle; il arriva sur-le-champ, mais son air froid et compassé interloqua tellement cette jeune Princesse qu'elle ne sut que lui dire et qu'elle se mit à lui parler de la santé de Madame. — On a dit devant moi qu'elle était grosse....? — Monsieur parut hésiter, et la Reine lui demanda d'un air d'intérêt si l'on pouvait se flatter....... — Beaucoup, Madame! lui répondit son beau-frère, il n'y a pas de jour où cela ne puisse être vrai. — La Reine n'a pas autre chose à me dire?..... — Oh non, lui répliqua-t-elle, vous répondez si bien à mes questions que je ne vous en ferai plus.

Voilà tout ce qui s'est passé de plus sérieux entre ces deux Princesses, à la connaissance de leurs familiers, du moins; et quand on voulait rechercher l'origine de toutes ces vilaines histoires qu'on faisait circuler sur les duretés et les prétendues hostilités de la Reine à l'égard de ses belles-sœurs, on trouvait toujours qu'elles avaient été forgées dans les arsenaux du Palais-Royal.

Cependant les enfans de M. le Duc de Chartres avançaient en âge et croissaient en force, mais on ne pouvait pas dire qu'ils prospérassent du côté de la bonne éducation. M. le Duc de Valois, fils aîné de son père et le digne héritier de leur famille, était lourdement gauche, et vilainement fourbe (1); Mlle d'Orléans, sa sœur, était une méchante pleureuse, et je crois me souvenir qu'il y avait encore

---

(1) Mgr le Duc de Valois est devenu successivement Duc de Chartres, Général Égalité, Maît.e d'écriture et de géographie, Duc d'Orléans, Lieutenant-général du royaume pendant la minorité de Henry V, et Roi des Français malgré la majorité du Roi de France. On verra comment les bonnes leçons de Mme de Genlis ont réformé les défectuosités de sa première éducation.

(Note de l'Éditeur.)

une autre Princesse à l'avenant. Quant à M. le Duc de Montpensier, il avait l'air d'un imbécille; le petit Comte de Beaujolais était la seule personne de la famille qui parût annoncer de l'esprit; mais de la part de ces quatre enfans, il était impossible d'entendre où d'attendre une seule parole de vérité, et c'était un concert de menteries sans paix ni trève Celui qui les *éduquait*, pour parler à sa manière, était une espèce de poète appelé M. le Chevalier Bonnard, et le duc de Valois en avait pris des locutions intolérables. S'il avait à parler des cousins, c'est-à-dire de ceux qui piquent, il disait *la parenté*, et pour désigner une partie du corps dont on ne parle guère et dont les enfans bien élevés ne parlent jamais à ceux qui ne les servent pas, M. le Duc de Valois disait *mon quinze*. — C'est un drôle de corps, observait son père, et cet aimable enfant s'en épanouissait d'amour-propre et de satisfaction (1).

— Nous aimons tant bon-Bonnard, notre bon-Bonnard! disait ce petit d'Orléans, il a pour principe..... — Il a pour principe, conclamait sa sœur..... — Il a pour principe, ajoutaient les autres..... — Il a pour principe, reprenait le Duc de Valois en basse note. — Et qu'est-ce qu'il a donc pour principe? — Il a pour principe, s'écriaient-ils en quatre parties, faisant chorus avec l'aîné; il a pour principe de nous laisser boire et manger tout ce que nous voulons!

(1) Voyez *Leçons d'une Gouvernante à ses Élèves*, et *Journal de l'éducation des Princes et de Mlle d'Orléans*, par Mme de Genlis.

— Oui-dà ! répondait Mme la Duchesse de Chartres, — et si vous êtes bien nourris vous n'êtes pas bien élevés : c'est comme la volaille. Ne criez donc pas quand vous parlez ; et tâchez de ne pas jaboter tous les quatre à la fois, comme si vous étiez des pintades.

L'inconvenance et les autres inconvéniens d'une pareille éducation pour les enfans de sa fille, étaient pour M. de Penthièvre une contrariété remplie d'amertume, et c'est à peu près la seule chose dont je l'aie vu s'impatienter. La prédilection de son gendre en faveur de M. Bonnard[1] était purement et simplement un effet de son avarice, attendu qu'il ne lui donnait que mille écus de gages avec le titre de sous-gouverneur. Mme de Genlis en avait martel en tête : elle avait conçu l'ambition de réformer les d'Orléans, et, pour y parvenir, elle commença par se réconcilier tendrement avec la Marquise de Montesson, madame sa tante ; celle-ci manœuvra si bien que M. le Duc de Chartres en obtint l'agrément de son père ; mais on eut grand'peine à triompher de la résistance de M. de Penthièvre et de l'opposition de sa fille.—Je conviens, répondais-je à ceux qui venaient m'en parler, que Mme de Genlis est une femme d'esprit, et d'assez bon goût ; je la crois fort honnête personne, mais je ne pense pas que sa première éducation personnelle ait été dirigée de manière à l'approprier pour la circonstance. Les prodigalités de sa mère et la pénurie dont elle a souffert, ont eu l'effet de lui rétrécir les idées ; elle est inclinée du côté de l'épargne, à ce qu'il me semble ; les enfans dont il s'agit ne paraissent pas généreusement disposés, ils auraient besoin d'un entourage à grands sentimens, et ce n'est pas avec des calculs économiques et des habitudes mesquines qu'on pourra venir à bout de leur élever le caractère. L'avarice est le pire défaut que puissent avoir des princes, et quand un homme avare est puissant, le danger des plus grands crimes ou des lâchetés les plus infâmes est toujours au bout de son avidité. Je ne tiens aucun compte des autres accusations dont on voudrait noircir Mme de Genlis et je n'y crois pas le moins du monde; je désire qu'elle parvienne à réformer et bien élever les enfans de M. le Duc de Chartres, à leur inspirer des sentimens conformes à la noblesse de leur origine, à les diriger dans les sentiers de l'honneur et de la vertu; c'est un vœu, si ce n'est une espérance, et dans tous les cas, c'est une chose dont je ne me mêlerai point.

L'appétit vient en mangeant (*des anchois ou des cornichons*), ajoutait le vieux Duc d'Orléans, et ce charmant appendice a toujours été regardé comme son plus bel effort de génie. Par application du proverbe, aussitôt que Mme De Genlis eut obtenu la certitude d'être gouvernante, elle éprouva la fantaisie d'être nommée Gouverneur, et le Chevalier Bonnard en fut tellement révolté qu'il en vida brusquement les lieux en lui tournant les talons, sans parler de son *quinze*.

On raconta que le Duc de Chartres était allé demander la permission du Roi, *suivant l'usage*, au sujet de la nomination d'une femme à l'emploi de *gouverneur* de ses enfans, ce qui était une *innovation sans exemple*. On ajoutait que le Roi parut étrangement surpris : — Vous ne voulez jamais rien faire comme un autre ! s'écria-t-il de prime-abord ; et puis après une ou deux minutes de réflexion dans un profond silence, il ajouta sèchement : J'ai un Dauphin, le Comte d'Artois a deux princes et l'on assure que Madame est grosse. Vous pouvez faire comme vous l'entendrez, je m'en lave les mains, et puis le Roi lui tourna le dos. Une excellente plaisanterie de Monsieur consistait à dire que la chancellerie du Palais-Royal avait expédié un brevet de maîtresse de clavecin pour M. Balbâtre, et que l'Abbé Raynal avait été nommé sous-gouvernante de Mlle d'Orléans.

— Mon amie, disait un jour le Duc de Valois à Mme de Genlis, et c'est, m'a-t-elle dit, la première observation qu'il ait faite en sa présence, — pourquoi ne ramasse ou plutôt ne recueille-t-on pas le petit plomb qui se trouve dans les perdrix et les lapins rôtis? on s'en servirait pour une autre fois. Je le mets toujours de côté sur mon assiette, je le serre et j'en ai déjà *plein un papier*.

— Voilà, répondit-elle, une locution très vicieuse, il ne faut jamais employer le mot *plein* qu'à l'égard d'un objet creux ou concave. Une feuille de papier qui est toujours plate et mince, peut être *couverte* avec du plomb de chasse, mais on ne saurait dire qu'elle puisse en être *pleine,* il faut dire que vous en avez rempli, soit un cornet, soit un petit sac, ou soit un carré de papier plié en paquet. Ce sera la seule manière de vous énoncer correctement.

Ce qu'il y avait de plus curieux dans la réprimande de Mme le gouverneur, c'est qu'elle en faisait le récit pour me témoigner combien ces élèves de M. Bonnard avaient un langage ignoble, et quant à la marque assurée d'un sentiment fort ignoble, elle était si loin d'en être formalisée, qu'elle ne s'en apercevait seulement pas.

Quand Mme de Genlis était fâchée contre l'aîné de ses élèves, elle en parlait sans réserve, en nous disant que son intelligence et son esprit étaient celle d'un receveur des tailles et celui d'un procureur. Il a des raisonnemens comme un arpenteur et des combinaisons comme un huissier, disait-elle. Elle se plaignit plus tard de ce qu'il n'avait absolument aucun sentiment religieux, et de ce qu'il avait proféré des choses irrévérencieuses. Ce n'étaient pas des plaisanteries de jeune homme, il n'en savait pas faire, et je ne crois pas qu'il ait jamais eu cette prétention-là ; mais c'étaient des argumentations tellement ridicules, que si l'on n'avait pas connu la tournure de son esprit et la nature de son jugement, on aurait cru qu'il voulait se moquer du monde.

Il entendait parler un jour du *Judaïsme vengé*, livre nouveau, dont l'auteur avait entrepris de nous démontrer que la condamnation du Messie avait été *légale et légitime*. — Mais ce serait assez mon avis, dit ce petit procédurier. — Qu'est-ce que Jésus-Christ avait besoin d'aller dans un endroit où l'on cultivait des *olives*, et pourquoi s'est-il permis d'entrer dans un enclos pendant la nuit et par dessus les murs ou les haies, apparemment ? Car qui dit *jardin* dit un enclos, c'est-à-dire un endroit *clos et fermé*....

Voilà tout ce que le nouveau Duc de Chartres

avait trouvé de plus remarquable et de plus répréhensible dans la Passion de Notre Seigneur, dans le *Saint-Évangile suivant Saint-Mathieu*, ce grand drame et cette admirable scène où *Dieu nous aima jusqu'à la fin.*

Je me souviens aussi que Mme de Genlis (elle avait parfois des imaginations ridicules) avait fait apprendre à saigner à tous ses élèves, ainsi qu'à ses deux filles, et voilà qu'un jour, en se promenant dans les environs de St-Leu, M. le Duc de Chartres s'avisa de tirer sa lancette et d'en instrumenter sur deux gobelottiers qu'il croyait en apoplexie et qui n'étaient qu'ivres-morts. Un de ces malheureux en mourut le lendemain, et l'autre en fut bien malade. M. de Penthièvre observait avec raison que rien n'est aussi dangereux que cette sorte de talent, quand on n'est pas dans le cas d'en apprécier la nécessité.

Mme de Genlis avait prescrit au Duc de Chartres de s'appliquer à faire des vers français (Il n'était jamais question de vers latins dans le prytanée de Bellechasse.) — Cela n'est pas si malaisé, disait-il avec un air de confiance et de satisfaction qui désespérait sa gouvernante ; cela n'est pas si malaisé, *tout d' même*, et le voilà qui redescend de sa chambre avec la copie d'une pièce de vers qu'il venait d'envoyer........ — Envoyer à qui ? s'écria-t-elle. — A mon grand-père de Penthièvre, en remercîment du mouton dont il m'a fait cadeau, et le voilà qui se rengorge, *tout d' même !*..... — Voyons donc ces vers de votre composition, reprit-elle avec la frayeur dans l'âme........ — Ah ! mort de ma vie !

se mit-elle à crier, comment avez-vous eu la pensée, la témérité, l'audace et l'indignité d'envoyer à M. le Duc de Penthièvre, et sans m'en rien dire encore, et sans vous douter de la désolation, de l'humiliation........ Suis-je assez malheureuse, et n'avez-vous pas honte?........ Enfin voici cette composition de M. le Duc de Chartres, et c'est qu'il était, pour lors, un garçon de seize à dix-sept ans, *tout d' même!*....

« Quant vous me donnez pour présent
« Le symbole de la douceur,
« Cet agneau si intéressant
« Devient les délices d'un cœur,
« D'un cœur qui, formé par sa mère,
« N'apprend rien d'elle qu'à plaire
« Aux âmes sensibles et pures,
« Seule beauté dans la nature
« Qui soit digne du sentiment
« Que vous vouent la mère et l'enfant.

On verra plus loin si la direction de l'auteur des *Chevaliers du Cygne* était préférable à l'éducation du Chevalier Bonnard, auteur de l'*Epître à Bombon, mon fils*, avec des baisers tout par-dessus (1).

(1) Voyez *Journal de l'éducation des Princes*, par Mme de Genlis.

CHAPITRE IX.

Fortune du Prince de Guémenée. — Son désastre. — Insouciance de la haute noblesse et son inaptitude pour la régie des fortunes. — Billet écrit par la Princesse d'Hénin. — Réponse de l'auteur. — Expérience acquise en émigration — Noble conduite de Mme de Guémenée. — Sacrifice de ses biens pour les créanciers de son mari. — Mot de la Comtesse de Béthisy au Baron de Staël. — Mot de Mme de Coislin sur les Rohan — Quelle sorte de vengeance on en tire.

Écoutez le récit d'un désastre à faire pâlir. Le Prince de Guémenée, chef de la maison de Rohan-Rohan n'avait pas moins de deux millions de rente, en y comprenant la fortune de sa femme, qui était l'héritière des Rohan-Soubise en i divis avec sa sœur, Mme la Princesse de Condé (1). Ils avaient

(1) Charlotte-Godefride-Elyzabeth de Rohan, Princesse de Soubise et d'Epinoy, née en 1737, mariée en 1753 à Louis-Joseph de Bourbon, Duc de Bourbonnais, de Guise et d'Enghuyen Prince de Condé, de Charleville et d'Arches, premier Prince du sang, premier Pair et Grand-Maître de France. Elle était sœur aînée de Victoire-Armande de Rohan-Soubise, Princesse de Maubuisson, née en 1743, laquelle avait épousé, en 1760, Henry-Louis-Marie, Prince de Rohan-Rohan, Duc de Montbazon, Prince, Comte et haut Baron de Guémenée, Montauban, Clisson, Rochefort, Montfort, Avaugour, Vertus, Parthenay, Joyeuse, etc. (*Note de l'Auteur.*)

un état de maison convenable avec une pareille fortune, et, du reste, aucun goût dispendieux, aucunes fantaisies ruineuses et nulle espèce d'apparat désordonné. On disait quelquefois qu'ils empruntaient de l'argent à charge de rentes viagères, mais à la cour et dans le monde, on ne prenait pas garde à ces sortes de propos qu'on n'écoutait guère et dont on ne souvenait jamais. A l'occasion d'un homme du monde ou d'une femme de qualité, quand on avait ouï dire, *il est riche, elle est pauvre*, ou bien *ils sont à leur aise*, on n'y songeait plus, et pourvu que les gens fussent en état de paraître convenablement, on n'en savait et n'en exigeait pas davantage. Avant la révolution de 93 et les misères de l'émigration, juste ciel et Dieu de St.-Louis ! si l'on avait rencontré des gentilshommes qui se fussent montrés en agitation pour le cours des rentes et préoccupés des choses d'argent, on les aurait envoyés dans la rue Basse ou dans le faubourg Poissonnière. Les financiers qui vivaient et rêvaient de chiffres, n'en parlaient pas plus que nous autres et s'en gardaient bien ! La considération pour les personnes du monde était réglée d'après la noblesse de leur naissance et celle de leur caractère, car le rang, proprement dit, n'y suffisait pas toujours; leur importance dans l'opinion publique était quelquefois appuyée sur celle de leurs emplois, mais la faveur y nuisait plutôt que d'y servir, et dans tous les cas, la considération personnelle était tout-à-fait indépendante de la richesse. Je vous assure que personne ne s'occupait et ne parlait de la fortune des autres, à moins qu'il ne fût question d'un mariage, et vous pouvez bien compter que ceux qui n'avaient personne à marier n'écoutaient pas. La Duchesse de Grammont disait toujours qu'elle ne connaissait et n'avait jamais rencontré que trois personnes qui parlassent *d'argent* : c'était le Duc de Chartres, M. Necker et M%me Necker.

— Je croyais que M%me Necker *parlait d'or*, lui dit M%me du Deffand, qui n'en avait pas moins la courtoisie d'encenser les Necker à grand tour de bras. Au reste, en la trouvant à l'hôtel de Choiseul et l'y voyant faire une cour assidue, je me rappelais toujours qu'elle avait fait, en forme d'épitaphe, une assez mauvaise épigramme contre le Duc de Choiseul dont elle était proche parente, et qui l'avait toujours assistée de tout son crédit (1) ; mais c'est du crédit de M. de Guémenée que je dois vous parler.

Aussitôt qu'on entendit ces étranges paroles : — le Prince de Guémenée vient de se ruiner.

— Qu'est-ce que vous voulez dire ?

— Il est en faillite ouverte, à ce que disent mes avocats.

— Et qu'est-ce que cela signifie ?

---

(1) Tout donne à penser que l'auteur a voulu parler de cette épigramme

« Ginguet comme un pet-en-l'air,
« Etourdi comme un éclair,
« Méchant comme un Lucifer,
« Il est parti pour l'enfer.

(*Nouv. à la main*, Bachaumont, Grimm, etc.).

— Qu'est-ce que cela veut dire, en faillite? en faillite ouverte!...

— Expliquez-nous donc ceci, vous qui parlez avec des gens d'affaires et qui suivez des procès.

— Mais il m'a paru que ce serait, environ, comme faire banqueroute.....

— Allons donc, il faut être dans le commerce........

— Il n'y a que des négocians qui font banqueroute, et comment voudrait-on que M. de Guémenée......

— On a dit que son intendant venait de prendre la fuite.

— Eh bien! qu'il en prenne un autre; on n'en manque jamais, d'intendans!

— C'est vrai, mais c'est qu'on parle beaucoup, et je ne sais ce qu'on dit pour des échéances de rentes avec des retards depuis deux mois...

— On dit aussi que lorsqu'on veut entrer, ou qu'on envoie à l'hôtel de Soubise, il y a devant les grilles une foule de personnes qui crient.

— C'est bien insolent!

— C'est inimaginable?

— Et c'est d'autant plus mal à ces vilaines gens que personne n'ignore que toutes les terres de Messieurs de Rohan sont substituées; comment voudrait-on que M. de Guéménée pût les aliéner ou les engager pour payer des rentes?

Vous voyez qu'on n'entendait pas grand'chose à cette question contentieuse, et chacun était persuadé que les créanciers de M. de Guéménée n'avaient pas le sens commun (1).

(1) Mme d'Hénin vient d'arriver d'émigration. La Princesse de Poix (Marguerite de Beauveu) et la Princesse d'Hénin (Gabrielle de Mauconseil) sont deux personnes d'esprit, parfaitement instruites, et qui ne sont assurément en aucune disposition de frivolité prétentieuse ou de minauderie qui puisse les porter à vouloir faire les *belles-dames*. La Princesse d'Hénin vient de m'écrire de manière à vous prouver combien certaines idées, certain langage, et notamment l'argot de la banque, étaient restés étrangers à nos habitudes.

« Je ne vous dirai pas *Vous qui savez tout*, puisque vous
« êtes excédée de cette formule, mais vous qui n'ignorez de
« rien, ma chère, ayez la bonté de m'expliquer une chose
« que je ne conçois pas et qui paraît devoir importer à mes
« intérêts financiers (pardon du motif). Je commencerai par
« vous dire que M. de Lally est à Saint-Germain, et que
« Mme de Poix ne sait que répondre à la question qui m'occupe.
« Ses enfans sont en course, et voilà pourquoi je vous écris
« dardare à l'autre bout de Paris. Le Cher de Thuisy m'écrit
» mot à mot : *Je vous conseille de prendre garde au sieur*
« *Lefèvre ; on m'a prévenu qu'il allait déposer son bilan*. Je
« vous dirai que ce Lefèvre est devenu mon homme d'affaires,
« mais que faut-il conclure de cet avertissement du Cher ?
« Dites-nous, je vous en prie, ce que signifie *déposer son*
« *bilan ?* Mme de Poix suppose que c'est une sorte de métaphore, et nous en sommes là. »

Je viens de répondre à Mme d'Hénin que je n'avais pas la science infuse, que je ne savais nulle autre chose sur les formules de commerce, que ce que j'en avais appris dans les manuscrits de Cagliostro, où je n'avais rien trouvé sur *le bilan*, mais que M. de Breteuil allait venir chez moi, et que s'il en savait plus que nous et que le Comte du Lau d'Allemans, qui était dans ma chambre, et qui n'en savait rien non plus, Mme d'Hénin pouvait compter que je lui ferais part de ma découverte.

M. de Breteuil était suffisamment au fait de la matière, at-

Il se trouvait dans cette petite affaire de la maison de Guéménée, un déficit, ou si l'on veut, un mécompte de trente-quatre millions (1), et quand on eut traduit la chose en langage vulgaire ou nobiliaire, et quand on eut compris qu'un si haut et puissant seigneur que M. de Guéménée avait emprunté de l'argent qu'il ne pouvait et qu'il aurait dû payer *honorablement*, il en résulta parmi la haute noblesse une sorte d'oppression fiévreuse, entrecoupée de soulèvemens généraux d'une grande amertume.

— Avoir emprunté leurs épargnes à des couturières, à des ouvriers, à de pauvres gens qui se trouvent sans pain! et cela pour se laisser voler par un scélérat d'intendant qui devait employer ces tas de millions à retraire des seigneuries et dégager des terres nobles en amortissant de vieilles censives! M. de Guéménée mériterait d'être interdit et dégradé de noblesse! Le parlement a fait séquestrer ses revenus, et le parlement a bien fait!...

Jugez quel était l'excès d'une exaspération qui pouvait aboutir à l'approbation d'un arrêt du par-

---

tendu qu'il avait perdu plus de cent mille livres en émigration, par le fait d'un Hambourgeois qui avait *déposé son bilan*.

(1) M. de Staël, Ambassadeur de Suède, avait l'habitude de parler d'après les Necker, et c'était souvent un inconvénient pour lui. Il avait dit je ne sais plus quoi de malséant sur cette affaire, et Mme de Béthisy lui dit : — Mon cher baron, vous venez de parler comme un banquier, je désirerais pour le Roi, votre maître, qu'il eût assez de crédit pour faire une pareille banqueroute! (*Note de l'Auteur.*)

lement contre le Prince de Guémenée, le premier seigneur de France!

Cependant les créanciers souffraient et criaient. Je vous puis assurer que dans les premiers momens de cette catastrophe, Mme de Guémenée ne savait ce que cela voulait dire? Mais tout aussitôt qu'elle aperçut qu'on lui faisait froide mine à Versailles, elle commença par donner la démission de sa charge (Gouvernante des Enfans de France); elle accourut à Paris, chez elle, à l'hôtel de Soubise, où je m'empressai de l'aller voir, et où je la trouvai dans un état qui participait de la révolte et de la sécurité. Elle était indignée de ce qu'on s'inquiétât, de ce qu'on eût fait une affaire *de si peu de chose*, et surtout de ce qu'on avait perdu la tête au point de ne savoir que faire en voyant que l'argent allait manquer pour payer des rentes échues.

— On ne vous avait parlé de rien, pour ne pas vous tourmenter, lui disait son mari, et peut-être aussi parce qu'on a pensé que vous n'entendriez rien à pareille affaire.

— Mais, mon Cousin, lui disait-elle avec beaucoup de raison, vous ne vous y entendez pas mieux qu'un autre, et j'avais des ressources que vous n'aviez pas. Au bout de vingt-quatre heures, avec mes diamans, sans parler de notre vaisselle à mes armes (il y en avait deux chambres toutes remplies), on aurait trouvé plus qu'il ne fallait pour payer vos rentes, et la preuve en est qu'on vient de vous compter douze millions, moyennant un chiffon de papier où je n'ai eu que la peine de mettre ma signature. On vient de vous condamner à rembourser vos emprunts au lieu d'en payer la rente, et vos terres sont substituées ; mais on a toujours dit que j'avais pour cinquante millions de biens libres ; comment ne vous en êtes-vous pas souvenu, et comment vos gens d'affaires ?.... Mais ne parlons pas de ces misérables gens qui sont la cause d'une pareille contrariété pour vous ! En nous mariant ensemble, on a dû penser naturellement que ma fortune devait être à vos ordres. Vous êtes l'aîné de la maison de Rohan, mon Prince, et si vous n'étiez pas mon mari, je ne vous laisserais pas dans l'embarras. Permettez-moi de vous dire que, dans cette occasion-ci, votre conduite a été d'un ridicule inconcevable.

Rien n'était certainement plus désintéressé que cette brave et digne femme, et rien n'était si noble et si judicieux que tout ce qu'elle venait de dire avec son gros bon sens.

Comme au premier bruit de cette méchante affaire, tous les autres Rohan s'étaient mis à *boursiller* dans l'intérêt de leur parent, ils n'avaient pas eu grand'peine à réunir seize cent mille francs, pour envoyer à l'hôtel de Soubise, où tous les quartiers de rentes échues avaient été payés ; mais il n'avait pas fallu moins que cette somme d'un million six cent mille livres. Voyez la belle imposition sur une fortune, et ceci pour affranchir la seigneurie de Joyeuse et celle de Montbazon, de je ne sais quelle obligation qui ne s'élevait pas à plus de soixante mille livres de redevance annuelle. Allez donc vous en rapporter à des gens d'affaires, et ne manquez pas d'écouter les intendans qui vous proposent d'emprunter pour vous libérer !

M. le Prince de Condé, dont la femme était Rohan-Soubise, s'était empressé d'ouvrir ses coffres à son beau-frère en lui proposant tout son crédit ; mais la Princesse de Guémenée voulut suffire à tout. Elle commença par se défaire d'une petite forêt qui ne lui rapportait que vingt-sept mille livres de rentes, et dont elle retira quatre millions huit cent mille francs, ce qui prouve que ses domaines étaient joliment administrés. Elle aliéna tous les domaines qui lui provenaient de sa grand'mère Marie Sobieska ; elle vendit au Roi les droits régaliens qu'elle avait sur le port de Lorient, ce qui fut une affaire de neuf millions cinq cent mille livres, et quand la révolution française est survenue, je crois bien qu'il ne restait plus à *désintéresser*, comme il se dit en style de tribunaux, que Mme de Coislin, à qui l'on avait à rembourser le capital d'une rente viagère de vingt-quatre mille livres, et qu'on avait mise à la queue des autres créanciers, afin de se revancher de ce qu'elle avait crié trop injurieusement.

— J'espère, au moins, que c'est le dernier acte de *souveraineté* que fera la maison de Rohan ! disait-elle avec la double passion qui résultait de sa jalousie nobiliaire et de son amour du pécule.

Si l'animosité d'un Ministre du Roi, que je ne veux pas nommer, n'était pas venue compliquer les embarras de MM. de Rohan, leur affaire se serait terminée sans avoir causé le moindre scandale, et voilà ce qu'il est convenu d'appeler *la banqueroute du Prince de Guémenée.* (1)

(1) M. de Talleyrand doit se souvenir de la réponse que lui fit Mme de Guémenée, quand il fut lui proposer d'accepter le titre de *surintendante de la maison de l'impératrice?* — Est-ce que vous prétendez vous moquer de moi, M. de Talleyrand? — Mais, Princesse, que répondrai-je à l'empereur? — Ne dites pas à votre empereur que je suis Rohan, il ne saurait ce que cela veut dire?—Dites-lui seulement que je suis cousine de Louis XVIII et que le Duc d'Enghien était mon neveu.....

M. de Talleyrand ne réussit pas mieux dans ses tentatives auprès de Mmes de Carignan et de Vaudémont, et comme on exigeait une Princesse, il en fut réduit à la nécessité de proposer sa femme. Buonaparte lui répondit : — Est-ce que vous prétendez-vous moquer de moi ? (*Mémoires inédits.*)

CHAPITRE X.

Scandales contemporains. — Beaumarchais. — Jugement de l'auteur sur cet écrivain. — Les *tant pis* et les *tant mieux!* (l'auteur attribue cette diatribe à l'abbé Morellet). — Mot de Louis XVIII sur Beaumarchais. — Tanneguy du Châtel et ses descendans. — Mirabeau et sa famille. — Son pamphlet contre le Garde-des-Sceaux. — Lettre du Chevalier d'Éon à M. de Maurepas. — Épigramme de ce ministre au lieu de réponse. — Remarque de Tronchin sur l'organisation des *rieurs* et sur les effets du *rire*.

Cependant le philosophisme portait ses fruits, la dissolution minait le corps social, et ce n'était pas sourdement ; elle se manifestait par des écrits incendiaires et des scandales. En voyant les choses à la surface, ou, pour mieux dire, en n'y regardant pas, on avait peine à s'expliquer certains actes d'insolence et d'impunité ; mais en y regardant au flambeau de la raison divine, on en découvrait le principe ; on voyait un ulcère au cœur de la France ; elle était sur le bord d'un précipice, et suivant la parole du prophète, elle y chancelait comme une femme enivrée. On entrevoyait dans une sorte d'obscurité souterraine encore, et dans les ténèbres sillonnées par une suite d'éclairs et de feux sinistres ; on entrevoyait un monstre affamé, cruel, horrible, ; et si l'on se reculait avec effroi, l'abîme était partout! Le sol du royaume avait été miné, crevassé, creusé comme un puits d'Égypte, et 93 était au fond du gouffre béant. C'est là qu'il attendait sa proie.

C'est particulièrement la misérable personne et les insolentes pasquinades de Beaumarchais qui m'ont inspiré cette boutade. (1) Beaumarchais! un corrupteur vénal, un messager d'espionnage; un homme que la justice avait flétri, que l'autorité ménageait, et que Monsieur, frère du Roi, croyait devoir protéger!........

Je n'entrerai pas, au sujet des intrigues et des ouvrages de ce méchant écrivain, dans certains détails qui traînent partout et qui excéderaient ma patience. Ecoutez seulement *les tant pis* et *les tant mieux* de l'Abbé Morellet; il me semble qu'ils sont restés manuscrits, et ce dialogue fictif est la meilleure biographie de l'auteur de Figaro.

— Mon père exerçait un métier des plus faciles; il ne put jamais réussir à me l'apprendre.

— Ah! tant pis!

— Ce fut tant mieux, car j'appris alors à jouer de la harpe, et ce petit talent, qui n'était pas commun dans ce temps-là, me fit parvenir jusque dans le salon de musique de Mesdames, filles de France, que je n'aurais certainement jamais approchées, si je n'avais su que raccommoder des montres et monter des pendules.

— Eh bien, tant mieux!

(1) Pierre-Augustin Caron, sieur de Beaumarchais, né en 1732, mort à Paris en 1799.

— Oui dà ! mais c'est que je fus outrageusement chassé de Versailles à cause de mes impertinences.

— Ah ! tant pis, tant pis !

— Il se trouva que mes impertinences ne furent pas inutiles à M. Pâris-Duverney, qui était millionnaire, ainsi que vous ne l'ignorez pas.

— Tant mieux !

— Pas trop cependant, parce que mes relations avec lui m'attirèrent après sa mort un procès qui pensa me faire pendre ; et dans l'intervalle, afin de me distraire ou de me consoler, je me suis marié trois fois.

— Tant pis, trois fois tant pis !

— Laissez donc, je me suis toujours trouvé veuf avant d'avoir eu le temps de m'en repentir..... Enfin pour me désennuyer de ce que j'entendais chuchoter autour de moi, je fis *Eugénie* qui est un drame infiniment sensible et qui fut sifflé !

— Tant pis !

— Non pas, car je soutins bravement que ma pièce devait aller aux nues ; je m'arrangeai de manière à soutenir la gageure ; je devinai pour lors tout ce qu'on pouvait oser avec le public, et c'est un secret que j'ai trouvé moyen de faire valoir avec un grand profit. Quelque temps après je me fis présenter à M. le Duc de Chaulnes avec qui j'avais l'honneur de souper dans sa petite-maison, et dont la maîtresse avait nom Mlle Beauménard.......

— Ah ! pour cette fois-ci, tant mieux, du moins !

— Certainement, tant mieux, si cela ne m'avait pas valu trois mois de prison, sans parler d'une volée de coups de bâton, comme je n'en avais jamais reçu ; ah ! justes dieux ! quelle volée de coups de bâton ! Je ne comprends pas comment j'ai pu m'en relever ?.... Mais je voulus me dédommager de cette contrariété par un profit pécuniaire ; j'entrepris de faire régler mes comptes avec M. Pâris-Duverney qui venait de mourir ; *je risquai,* comme je l'ai publié moi-même éloquemment, *de me faire payer, ou de me faire pendre.* Je ne fus pas pendu........

— Mais vous direz tant mieux, j'espère ?

— Je fus *blâmé* par arrêt de la grand'chambre du parlement, où M. le Président Bertier de Sauvigny me fit mettre à genoux, tête nue, les mains jointes, afin d'écouter ces paroles qui me furent adressées judiciairement par ce magistrat, — CARON, DIT BEAUMARCHAIS, LA COUR TE BLAME ET TE DÉCLARE INFAME.

— Monsieur de Beaumarchais, voilà qui me paraît désagréable pour vous ?

— Tout au contraire, et mille fois tant mieux ! je devins le martyr du patriotisme ; je fus regardé comme une victime de l'arbitraire et de la tyrannie. Un bel esprit de mes amis, qui s'appelle M. Gudin, me surnomma le *Brutus de la France.* Tout *blâmé* que j'étais, et peut-être aussi parce que j'avais été noté d'infamie, je fus admis à la table de Monseigneur le Duc d'Orléans ; je fus chargé d'une mission pour Londres et d'une commission pour Vienne ; il s'agissait de faire enlever Mlle d'Eon qui me fit trembler, et de surprendre le secret d'un secrétaire de l'Impératrice-Reine qui me fit chasser de ses États ; enfin je me décidai à gagner de l'argent pour soutenir la liberté du Nouveau-Monde, en attendant que le Roi Très-Chrétien ne dédaignât pas de la soutenir lui-même un peu plus dispendieusement (nous verrons si les Anglais oublieront cela?). Pour avoir bien vendu à ces nouveaux républicains de mauvais fusils, de mauvais souliers et de mauvais chapeaux, je me fis appeler Beaumarchais *l'Américain,* ils ne répondirent à cette plaisanterie qu'en me rabattant 80 pour cent sur mes créances, et je partis de là pour publier un manifeste où je traitai lestement un premier ministre appelé M. le Duc de Choiseul, ainsi que M. le Comte d'Aranda, Ambassadeur du Roi d'Espagne et des Indes à la Cour de France.

— Mais ce fut tant pis, sans doute?

— Oh! pas du tout! ces deux messieurs n'y prirent pas garde, et les Américains s'imaginèrent que j'étais un des plus puissans personnages de l'Europe. Pour occuper les loisirs que ces grands intérêts laissaient à mon activité, j'entrepris une édition des œuvres de Voltaire que je finirai peut-être......

— Et ce sera tant mieux pour nous?

— Tant pis pour moi! car je n'y profiterais pas, et j'aime mieux l'argent des souscriptions que la satisfaction des souscripteurs. Enfin, je fais des comédies prodigieusement spirituelles; on me refuse de les laisser jouer, en disant qu'elles sont immorales et mal écrites, en disant qu'elles sont calomnieuses, ordurières, impies, etc. Vous n'avez pas d'idée de tout ce qu'on reproche à mes comédies...

— Tant pis!

— Tant mieux! car, après les avoir défendues

pendant plus de deux ans, on a fini par en permettre la représentation. Tout le monde s'y porte, et c'est un succès qui n'aurait pas eu lieu sans le prestige de la première défense ; c'est une victoire que j'ai remportée sur l'autorité ! Il ne tient qu'à moi de penser que l'heureuse audace de mon caractère est une puissance réelle ; et quand on ose attaquer mon talent, savez-vous comment je réponds ? Je réponds aux rédacteurs de la *Gazette de France* ou du *Journal de Paris :* « Misérables, quand j'ai su vain-
« cre tigres et lions pour faire jouer mes comédies,
« pensez-vous qu'après le succès du *Mariage de Fi-*
« *garo,* je veuille me résoudre, ainsi qu'une ser-
« vante hollandaise, à battre l'osier tous les matins
« sur l'insecte vil de la nuit ? »

— C'est une charmante épigramme ! et tout le monde a dû penser que vous compariez ceux qui se donnent les airs de vous critiquer à des punaises.

— Ah ! ne dites pas cela, je n'en conviens pas ; je l'ai démenti pour sortir de Saint-Lazare, où le Baron de Breteuil m'avait fait emprisonner ; je me suis rétracté.

— Tant mieux !

— Ce sera tant pis pour mes adversaires, et je vais manœuvrer de manière à m'en venger par tous les moyens dont il est possible d'user, sans avoir à craindre d'être pendu.

Le voilà cet impudent valet, ce Figaro ; voilà Beaumarchais au naturel. Je vous ai déjà dit que M. de Maurepas l'employait dans son cabinet, et le faisait employer à certains messages pour les affaires étrangères. On osait lui confier une partie des secrets de l'État; et comme cet homme était d'une subtilité diabolique, il devinait le reste. On a su qu'il avait trafiqué des intérêts de la France, au profit des révoltés américains. Avec quatre élémens de perdition, tels que Voltaire et M. de Maurepas, M. Necker et Beaumarchais, comment voudrait-on que la révolution ne fût pas survenue?

Ce dernier avait pris la liberté d'écrire à Monsieur, pour le solliciter en faveur d'une certaine Mme Lecluse; et comme le nom de cette femme était Vollois ou Valois, il avait l'impertinence de supposer qu'elle était peut-être issue de quelque rameau puîné de cette branche royale, comme un fruit piqué des vers et tombé? Il alla s'aposter sur le passage de Monsieur, qui lui dit, sans le regarder et sans s'arrêter: — M. de Beaumarchais a l'inconvénient de parler de ce qu'il ne comprend pas, et de se mêler de ce qui ne le regarde point. Il ne suffit pas d'un nom pour établir une généalogie. Est-ce que M. Caron de Beaumarchais descend du Grand-Amiral de Pluton?...

Beaumarchais protégeait encore une autre famille qui portait le nom *Duchâtel*, et sans penser à ce qui pouvait en résulter, il avait glissé bien étourdiment dans un de ses pamphlets, en note et mal à propos de toute manière, que son ami Duchâtel était de cette ancienne famille qui subsiste encore en Bretagne. Le Comte du Chastel, aîné de sa maison, dénonça l'affaire au parlement, qui fit saisir le mémoire et qui condamna l'auteur à payer cent louis d'amende à l'Hôtel-Dieu de Paris.

Monsieur disait aussi qu'il est impossible de se tromper sur les véritables du Chastel, attendu que, pour la commémoration de leur ancêtre, qui est inhumé dans l'église de Saint-Denis, les moines ont toujours eu l'attention d'inviter ses descendans à la grand'messe de son anniversaire. Il y a d'autres gentilshommes qui portent ce nom-là; il y a même des familles de la bourgeoisie, m'a-t-on dit, et ce doit être assez désagréable aux personnes de cette maison; mais, ajoutait Monsieur qui savait tout, on peut être bien assuré que tous les nobles qui ne sont pas reconnus et conviés par les moines de Saint-Denis, et dont les noms ne se trouvent pas inscrits sur les registres de leur communauté, ne sauraient être issus de l'illustre Tanneguy Sire du Chastel et Grand-Maître de France (1).

Ce fut alors qu'on vit surgir de sous terre et se montrer sur l'horison politique un gentilhomme de Provence appelé M. de Mirabeau (2). Il était poursuivi judiciairement par sa femme; il était en procès avec son père et sa mère qui plaidaient l'un contre l'autre; il avait passé la plus grande partie de

---

(1) La véritable maison du Chastel existe encore; mais il paraît qu'il se trouve à Paris un ex-ministre du commerce appelé Duchâtel, lequel est grotesquement affublé du prénom de *Tanneguy*, ce qui dénote une prétention, si ce n'est une ambition ridicule. (*Note de l'Éditeur.*)

(2) Honoré-Gabriel de Riquetti de Mirabeau, *Chevalier*. Cette qualification était la seule qui lui fût accordée par les cours souveraines pendant ses procès, attendu que celle de Comte n'était pour lui qu'un titre de courtoisie. Il est mort en 1791, âgé de 42 ans. (*Note de l'Auteur.*)

sa jeunesse en prison pour dettes ou par ordre du Roi; il avait été condamné à mort, et tout donne à penser qu'il avait à se reprocher une foule d'actions criminelles; mais si coupable qu'il fût, son père et sa mère n'en étaient pas moins des parens dénaturés, et depuis les Atrides on n'avait jamais entendu parler d'aucune famille aussi détestablement vindicative!

Imaginez la surprise et le découragement qui suivirent la publication du pamphlet dont je vais copier quelques lignes, et qui avait été distribué dans tout Paris avant que les ministres eussent eu connaissance de son impression. Imaginez l'émotion du gouvernement, et figurez-vous la désolation des amis de l'ordre, à l'apparition d'un pareil phénomène, *effrayant météore*, ainsi que nous disait le Garde des Sceaux.

Mémoire du Comte de Mirabeau, supprimé au moment même de sa publication, par ordre de M. le Garde des Sceaux,

ET RÉIMPRIMÉ PAR RESPECT POUR LE ROI
ET LA JUSTICE,

avec une conversation de M. le Garde des Sceaux et du Comte de Mirabeau à ce sujet.

M. le Garde des Sceaux. — Monsieur, nous ne sommes pas ici pour faire ou pour écouter des discussions philosophiques.

Moi. — Monseigneur, je n'ignore pas que ce cabinet est peu accessible à la philosophie, mais il ne doit pas être inaccessible au bon sens.

M. le Garde des Sceaux. — Ah! le bon sens! Que dit le bon sens? Je serai charmé de l'entendre parler par votre bouche!

Moi. — Monseigneur, le bon sens est bon à tout, même au théâtre des Variétés amusantes ; mais je parlerais long-temps si j'entreprenais de vous répéter tout ce que dit le bon sens à votre sujet, et sur les arrêts du conseil qui sont fabriqués dans vos bureaux ; je m'en tiendrai donc au cas présent et particulier, et je tâcherai de vous faire comprendre, par un exemple connu de vous, ce que je voulais vous dire au nom du bon sens.

Tout le monde imprime des Mémoires sur les demandes en cassation, vous le savez, vous l'approuvez, vous le conseillez même à ceux que vous protégez, mais vous venez de me le refuser, et vous m'écrasez, moi, parce que vous ne me croyez pas les moyens de réclamer assez fortement contre vous. Certes, Monseigneur, la méthode n'est pas nouvelle, mais elle est cruellement ingénieuse!...

M. le Garde des Sceaux. — Monsieur, vous n'êtes pas juge de ces matières.

Moi. — Non, Monseigneur, mais le Roi l'est!

M. le Garde des Sceaux. — Allez vous plaindre au Roi des lois de l'État.

Moi. — Des lois de l'État! de ses lois! Ah! nous n'en sommes plus à savoir comment se font les lois de l'État et les arrêts du conseil. Lequel de vos commis n'en a pas fait cinquante en sa vie!.....

M. le Garde des Sceaux. — Monsieur, si j'ai supprimé votre Mémoire, c'est en vertu de la loi, et je crois que, par ce seul mot, notre conversation doit être finie, etc.

On supprima ce Mémoire, et le gouvernement n'osa pas sévir contre son auteur. Les Necker avaient pris M. de Mirabeau sous leur protection, et la faiblesse de M. de Maurepas favorisait tellement toute sorte d'imprudence, que le Chevalier d'Eon vint s'en mêler. Il était permis de s'en étonner après la lâcheté de sa condescendance pour les volontés du Duc d'Aiguillon, qui lui avait imposé l'obligation de porter des habits de femme, mais la monarchie s'en allait tous les jours en fléchissant et diminuant d'autorité depuis la mort de Louis XV; la bénignité du gouvernement encourageait la raideur insolente; il n'y avait pas de chiffon qui n'eût mis de l'empois; écoutez la curieuse épître de cette demoiselle à M. de Maurepas, Premier Ministre.

« Monseigneur,

« Je désirerais ne pas interrompre un instant les
« momens précieux que vous consacrez au bonheur
« et à la gloire de la France; mais animé du désir
« d'y contribuer moi-même dans ma faible position,
« je suis forcé de vous représenter très humblement
« et très fortement que le temps de mon noviciat
« femelle étant entièrement révolu, il m'est impos-
« sible de passer à la profession. La dépense est trop
« forte pour moi, et mon revenu est trop mince.
« Dans cet état, je ne puis être utile ni au service

« du Roi, ni à moi, ni à ma famille, et la vie trop
« sédentaire ruine l'élasticité de mon corps et de
« mon esprit. Depuis ma jeunesse, j'ai toujours
« mené une vie fort agitée, soit dans le militaire,
« soit dans la politique; le repos me tue tota-
« lement.

« Je vous renouvelle cette année mes instances,
« Monseigneur, pour que vous me fassiez accorder
« par le Roi la permission de continuer mon service
« militaire; et comme il n'y a point de guerre de
« terre, d'aller comme volontaire servir sur la flotte de
« M. le Comte d'Orvilliers. J'ai bien pu, par obéis-
« sance aux ordres du feu Roi et de ses ministres,
« rester en jupes en temps de paix, mais en temps
« de guerre cela m'est impossible. Je suis malade
« de chagrin, et honteux de me trouver en telle
« posture dans un temps où je puis servir mon Roi
« et ma patrie avec le zèle, le courage et l'expérience
« que Dieu et mon travail m'ont donnés. Je suis
« aussi confus que désolé de manger paisiblement à
« Paris, pendant la guerre, la pension que le feu
« Roi a daigné m'accorder. Je suis toujours prêt à
« sacrifier pour son auguste petit-fils et ma pension
« et ma vie.

« Aidez-moi, Monseigneur, à sortir de l'état
« léthargique où l'on m'a plongé, qui a été l'uni-
« que cause de mon mal, et qui afflige tous mes
« amis et protecteurs guerriers et politiques. Je dois
« encore vous faire observer ici qu'il importe infi-
« niment à la gloire de toute l'illustre maison de
« M. le Comte de Guerchy de me laisser continuer
« mon service militaire; du moins c'est la façon de

« penser de toute l'armée, de toute la France, et
« j'ose dire de toute l'Europe *instruite*. Une conduite
« contraire fait le sujet des interprétations les plus
« fâcheuses, et donnerait matière à la malice des
« conversations du public. J'ai toujours pensé et agi
« comme Achille : *Je ne fais point la guerre aux morts,*
« *et je ne tue les vivans que lorsqu'ils m'attaquent les*
« *premiers.* Vous pouvez à cet égard prendre par
« écrit ma parole d'honneur sur ma conduite future.
« Vos grandes occupations vous ont fait oublier,
« Monseigneur, qu'il y a plus de quinze mois, vous
« m'avez donnez votre parole que je serais heureux
« et content quand j'aurais obéi au Roi en gardant
« mes habits de fille. J'ai obéi complètement; je
« dois espérer d'un ministre aussi grand et aussi
« bon que M. le Comte de Maurepas, qu'il daignera
« me tenir sa parole et me remettre *in statu quo*. Il
« ignore que c'est moi qui soutiens ma mère et ma
« sœur, et de plus mon beau-frère et mes neveux
« au service du Roi; que j'ai encore à Londres une
« partie de mes dettes, ma bibliothèque entière,
« mes papiers et mon appartement qui me coûte
« vingt-quatre livres de loyer par semaine, tandis
« que je ne suis pas encore payé ici de ce qui me
« reste légitimement dû par la Cour; qu'après avoir
« servi le feu Roi à son gré, en guerre et en poli-
« tique, depuis ma jeunesse jusqu'à sa mort, je ne
« suis pas encore en état de meubler ma maison
« paternelle en Bourgogne pour l'aller habiter.
« M. le Comte de Maurepas doit sentir que mon
« obéissance silencieuse doit avoir un grand mérite
« à ses yeux; que dans ma position femelle je suis

« dans la misère avec les bienfaits du feu Roi, qui
« suffiraient pour un capitaine de dragons, mais
« qui sont insuffisans pour l'état qu'on m'a fait
« prendre. Il doit surtout comprendre que le plus
« sot des rôles à jouer est celui de pucelle à la ville,
« tandis que je puis jouer encore celui de lion à
« l'armée. Je suis revenu en France sous vos
« auspices, Monseigneur; ainsi je recommande
« avec confiance mon sort présent et à venir à votre
« généreuse protection, et je serai toute ma vie avec
« la plus scrupuleuse reconnaissance, Monseigneur,
« votre très-humble, et très-obéiss. serv.

« D'EON. »

M. de Maurepas ne voulut donner aucune réponse
à Mademoiselle d'Eon qui fit semblant de se fâcher;
elle avait juré, disait-on, d'appeler en combat singulier et d'exterminer le Marquis de Phelippeaux
d'Herbault, lequel était l'unique héritier et le neveu
de ce premier ministre.

« Armide est encore plus aimable
« Qu'elle n'est redoutable ! »

Disait-il en ricanant; et voilà comment la monarchie s'en allait avec un homme qui riait toujours.
La force est incompatible avec les éclats de rire, et
j'ai ouï dire à Tronchin que les gens chatouilleux
n'étaient jamais vigoureux.

CHAPITRE XI.

Inquiétudes sur les dispositions de la magistrature.— MM. d'Esprémesnil, Sabatier de Câbre et de Brunville. — Réquisitoire de ce dernier. — L'évêque de Carpentras et ses prévisions. — Défaveur du Baron de Breteuil auprès de Mme de Créquy. — Circulaire de ce ministre aux Évêques de France. — Persiflage de l'auteur à ce sujet. — L'abbaye de Saint-Maur et l'abbaye de Longchamps. — Origine de la coutume qui s'y rapporte. — Mme de Sainte-Aulaire et les Comtes Potoski. — Les financiers à Lonchamps. — Le Marquis de Sainte-Aulaire en ambassade. — Le carrosse de M^{le} Duthé. — Description de cette voiture. — Emprisonnement de cette demoiselle au For-l'Évêque, et réflexions de l'auteur sur cette exécution.

Le Parlement commençait à faiblir dans la poursuite et la répression des attaques portées à l'autorité royale. Les vieux magistrats se laissaient éblouir par la jactance, et peut-être intimider par la violence de quelques nouveaux Conseillers, tels que MM. d'Esprémenil et Sabatier de Câbre; enfin le Châtelet de Paris, le Châtelet lui-même, devenait infidèle à ses traditions de sévérité contre les mauvais livres.

On vit paraître un libelle contre le Lieutenant de Police et contre le Procureur du Roi, qui n'était plus l'élégant et galant M. Lenoir, mais le tolérant M. Flandrey de Brunville, et ce magistrat avait soin de faire observer dans son réquisitoire à MM. du Châtelet, « qu'il ne fallait pas confondre, « avec la licence sans frein qui pouvait enfanter des « productions coupables, cette *liberté si désirable de* « *la presse*, cette nouvelle conquête de l'opinion pu- « blique, ce moyen de lumière, utile et puissant, « dont nous ressentions déjà *les heureux effets*, et « dont l'avenir nous promettait encore des influen- « ces *plus salutaires* à la prospérité comme à la « gloire de la patrie. »

— Voici le Châtelet qui s'en mêle et tout est fini! disait l'évêque de Carpentras... Vous allez avoir une inondation de mauvais livres à n'y pas tenir; il est impossible qu'il ne s'en suive pas des troubles à tout renverser! Je vais m'en aller dans notre Comtat d'Avignon où, grâce à Dieu, M. le Vice-Légat et ses officiers font bonne justice. Vous n'avez qu'à nous les envoyer sur les terres du Saint-Siége, vos soi-disant patriotes et vos hardis novateurs; vous verrez comme on les y recevra!

On trouva pourtant qu'il était à propos de s'adresser aux évêques de France; mais n'allez pas croire que ce fut pour leur demander le secours de leurs prières ou de leurs bons avis; ce fut pour leur prêcher la résidence. — Oui, vraiment, il faut enjoindre la résidence aux Évêques, et ce sera d'autant meilleur effet que M. Dalembert a déjà pris la liberté de leur en donner le conseil, à l'Académie française, à propos de la mort de Voltaire.

J'ai passé ma vie à désapprouver, si ce n'est à blâmer ouvertement ce que faisait ou laissait faire le Baron de Breteuil, et voici la circulaire qui partit de ses bureaux, pour être envoyée par son ordre à tous les Prélats de l'Église gallicane.

« Le ROI ayant fixé, Monseigneur, son attention
« toute spéciale sur l'importance de vos fonctions,
« ainsi que sur les avantages généraux, particuliers
« et multipliés que recueille son service, comme
« celui de la religion, de vos bons exemples et de
« vos soins journaliers, Sa Majesté m'ordonne de
« vous marquer qu'elle désire que vous résidiez
« continuellement et que vous ne sortiez jamais de
« votre diocèse sans en avoir obtenu sa permission.
« Vous avez, Monseigneur, donné jusqu'ici trop
« de preuves de votre zèle au ROI, pour que Sa
« Majesté ne soit pas assurée que vous entrerez
« dans ses vues avec un empressement égal à leur
« justice. L'intention de Sa Majesté est donc que
« toutes les fois que vous serez dans la nécessité de
« vous absenter de votre diocèse, vous m'en pré-
« veniez, ainsi que du temps que vous jugerez né-
« cessaire à la définition des affaires qui vous en
« tiendront éloigné. Je me ferai un devoir de met-
« tre sur-le-champ votre demande sous les yeux du
« ROI, et de vous faire part de ce qu'il lui aura
« plu de décider. J'ai l'honneur d'être avec un
« parfait attachement, Monseigneur, votre très
« humble et très obéissant serviteur,

Le Baron de Breteuil. »

Cette ridicule injonction, qu'on adressait à des personnages édifians par la régularité de leur conduite et la sainteté de leur vie, n'avait d'autre intention que celle de satisfaire le parti philosophique. La mesure aurait été vexatoire, et aucun Prélat français ne voulut accuser réception de cette lettre. On se contenta de publier un opuscule intitulé : *Réplique d'un évêque de Guyenne au Ministre de la maison du Roi*. Je n'ai pas besoin de vous annoncer que je ne fus pas étrangère à sa rédaction, et voici notre réponse au nom des Évêques de France.

« J'ai reçu, Monsieur le Baron, la lettre que
« vous avez eu la charité de m'écrire en date du
« 16 octobre. La première phrase est un peu longue,
« mais avec de la patience on en vient à bout. Je
« suis fort édifié des sentimens qu'elle exprime.
« Ainsi que vous le désirez, Monsieur, je résiderai
« continuellement dans mon diocèse afin de n'en
« jamais sortir, ce qui me paraît d'une conséquence
« infaillible, et ce qui, du reste, ne m'est pas arrivé
« depuis quatorze ans. Mon diocèse a dix lieues de
« long sur cinq à six de large, et je n'en franchirai
« jamais les limites avant de vous en avoir demandé
« la permission. Le clergé de France, le premier
« corps de l'État, va se trouver régi comme un
« petit collége, et la religion doit se féliciter de ce
« que vous en soyez le Régent. J'ai soixante et dix
« ans, Monsieur le Baron, je croyais mon éduca-
« tion terminée, mais je vois bien qu'avec un mi-
« nistre aussi sage que vous, je vais marcher bon
« gré, mal gré, dans la voie des améliorations pa-
« triotiques. Je vous prie de ne pas nous épargner
« vos bonnes leçons; elles nous enseigneront à sa-

« crifier, dans certains cas, les devoirs de l'amitié,
« les obligations de la reconnaissance, et les senti-
« mens de la nature. Vous me dites, Monsieur,
« que le service du Roi (que vous faites marcher
« avant celui de la religion), retirera des avantages
« *particuliers* de notre obéissance à vos ordonnances,
« et moi, Monsieur, je vous prédis que les prémices
« de votre ministère annoncent une abondante ré-
« colte de félicités publique et particulières pour
« notre heureuse patrie.

« P. S. Si ma santé m'obligeait à vous demander
« la permission d'aller aux eaux de Cauterets, qui
« sont à trois lieues de chez moi, je ne manquerais
« pas de vous adresser un certificat de mon méde-
« cin pour attester la réalité de ma maladie, en
« ayant soin de lui faire assigner un terme précis
« pour ma guérison. »

Comme le Roi parut mécontent de la circulaire de M. de Breteuil, on s'en prit au premier commis qui l'avait si mal tournée, et celui-ci fut mis à la réforme avec une retraite de quinze cents francs.

— Mais pourtant, dit M. de Vergennes à ses collègues, il faudrait saisir la première occasion de montrer du nerf.

— Ce n'est pas l'occasion qui est difficile à trouver, répondit M. de Maurepas. — M. de Vergennes a raison, reprirent les autres Ministres, il faut prouver que nous avons du nerf! et ce fut la promenade à Longchamps qui leur en fournit l'occasion.

Avant de vous raconter cette belle aventure, il

faut que je vous parle de Longchamps, et même avant de vous parler de l'Abbaye de Longchamps, je vous parlerai premièrement de l'Abbaye de St.-Maur où nous allions à l'office de la Semaine Sainte avant que les Ténèbres de Longchamps fussent devenues à la mode.

Je vous dirai donc que cette église de St.-Maur-des-Fossés, non loin de Vincennes, était, dans les temps gothiques et par un privilége du Roi Robert-le-Pieux, la seule église monastique du diocèse de de Paris, où les laïcs eussent la permission d'entrer pendant les offices, et c'est de là qu'étaient provenus l'habitude et l'usage d'une grande affluence de peuple dans ladite église de St.-Maur, à certaines fêtes solennelles.

Les officiers de toutes les justices des terres qui dépendaient de l'Abbaye, étaient obligés d'y paraître et d'y représenter à la suite du Baillif seigneurial. Tous les habitans du village de St.-Maur se mettaient sous les armes, et après l'appel de tous les justiciers et de tous les notables habitans, ce cortège assemblé s'en allait tambour-battant-mêche-allumée, faire la procession dans l'église collégiale. Ce spectacle y faisait affluer tous les artisans de Paris, ce qui n'empêchait pas les grandes dames de continuer à s'y rendre pendant la Semaine Sainte, attendu que c'était un usage établi pour tout ce qui pouvait monter dans un carrosse à couronne. C'était un arrangement dévotieux qui remontait jusqu'à la belle-fille de Hugues-Capet, la Reine Berthe, et tout le monde y tenait à beau renfort de coutume séculaire et de traditions.

Cependant, vers l'année 1750, on s'était mis à faire des décharges avec des armes à feu dans l'intérieur de l'église, et voilà qui ne manqua pas d'y attirer plus de populace, et par conséquent plus d'indévotion ; de sorte que les bons religieux de St.-Maur s'avisèrent d'exposer au milieu du chœur toutes les reliques de leur sacristie, à dessein de contenir le peuple en respect. Cette innocente imagination ne fit qu'augmenter le tumulte ; elle attira tous les malades du quartier St.-Antoine et du côté de Charenton, qui voulurent absolument passer la nuit dans l'église, afin de s'y trouver à la première messe du Samedi Saint ; et je sais bien qu'en l'année 1752 (la dernière fois que j'y sois allée), il me sembla me trouver au Sabbat de Mesnilmontant. On n'entendait que des cris et des hurlemens de ces malades, que cinq ou six hommes promenaient étendus sur les bras tout autour de l'église. Les malades criaient de toutes leurs forces : *Saint-Maur, Saint-Maur ! — Obtenez-moi guérison, s'il vous plaît !* — Les porteurs faisaient plus grand bruit encore en criant : *Place aux malades ! — du vent ! — du vent ! Gare le rouge !* et les femmes s'empressaient de cacher tout ce qu'elles pouvaient avoir de *rouge*, et des hommes charitables agitaient leurs chapeaux pour éventer les malades ; enfin c'était un vacarme si prodigieux dans une église, qu'on n'entendait point du tout l'office du chœur, et qu'il se formait quatre ou cinq parties de chant qui discordaient tout à la fois dans les quatre coins de l'église. Vous sentez bien qu'il se trouvait là des marchands d'images et de petites bougies, sans parler des fontainiers d'eau de réglisse et des estropiés qui mendiaient. Ce qu'il en résulta, c'est que M. l'Archevêque de Paris signifia par ordonnance Épiscopale à toutes les grandes dames et tous les faubourgeois de cette ville, qu'ils eussent à chanter leur office de Ténèbres ailleurs qu'à St.-Maur-des-Fossés, attendu que les portes y seraient dorénavant closes et gardées par un piquet de Gardes-Françaises ; et voilà qui fut un grand soulagement pour les religieux de St.-Maur qui se consumaient dans des alarmes et la désolation gémissante.

Vous pouvez bien imaginer que cette mesure avait obtenu l'approbation de toutes les personnes véritablement religieuses, mais il se trouva certaines dévotes que nous appelions des *pèlerines à festons*, et qui se mirent à parler contre M. l'Archevêque avec autant de fâcherie que s'il avait mis toutes les églises de son diocèse en interdiction complète, et même en démolition. Il avait été question d'en appeler *comme d'abus*, et le Roi s'en divertissait journellement. Il y a toujours de bonnes âmes qui n'aiment point à méditer chez elles et qui n'usent jamais le velours de leur prie-Dieu : elles vous diront que leur église paroissiale est humide, ou que leur chapelle est trop loin du sanctuaire, ou bien que l'encens qu'on brûle à l'autel est de si mauvaise qualité qu'elles en ont des migraines, ou bien aussi que tous les habitués de leur paroisse ont continuellement des torticolis parce que les portes de l'église ne se ferment pas assez bien. Les voyages à St.-Maur étaient pour les unes une occasion de promenade innocente, et pour les autres une partie de plaisir où les maris et les mamans n'avaient rien a contrôler. Nous leur demandions, M. l'Archevêque et moi, s'il ne pourrait pas se trouver une autre église de la banlieue qui pût hériter de leur prédilection?

En l'année 1733, l'abbaye de Longchamps, qui est auprès de Boulogne-sur-Seine, était remplie d'un grand nombre de pensionnaires dont on soignait merveilleusement l'éducation, et auxquelles on faisait apprendre particulièrement la musique. On savait que la demoiselle Lemore, ancienne chanteuse de l'Opéra, s'était retirée dans cette communauté depuis sa conversion. La famille d'Orléans avait toujours eu l'habitude de passer la quinzaine de Pâques à Saint-Cloud; et il paraît que la musique de Longchamps l'attirait aux offices de cette abbaye pendant la Semaine Sainte : on en parla si bien que la mode en prit à Versailles, et de là s'étendit jusqu'à Paris. C'est à dater de ce temps-là qu'on a fait de cette course à Longchamps un but de promenade, et que les personnes les plus élégantes de la cour et de la ville s'y sont rendues pour l'office des Ténèbres en grand équipage. Cette affluence avait fini par dégénérer en cohue scandaleuse. L'équipage de la Comtesse de Flavacour ayant éprouvé je ne sais quel accident : la Marquise de la Tournelle, sa sœur, en écrivit à M. de Beaumont, lequel ordonna de fermer dorénavant l'église de l'abbaye pendant toutes les heures où l'on y chanterait l'office, et voilà ce qui s'est perpétué jusqu'à la fin des temps *conventuels*, c'est-à-dire jusqu'en 1791. On avait continué à venir se promener sur la route et dans l'avenue qui mène à Longchamps à l'heure des Ténèbres, mais, en l'année 1789, il y avait plus de cinquante ans que cette promenade, pendant la Semaine-Sainte, n'avait plus d'autre objet que celui de regarder ou de se montrer; et les personnes régulières n'y paraissaient jamais que le Jeudi Saint, après l'heure des stations dans les paroisses.

A l'époque où l'entrée de l'église de Longchamps n'était pas encore interdite, il s'y faisait une telle presse que la moitié du monde n'y pouvait entrer, et je me rappelle que les Dames-du-Palais de service y arrivaient de Versailles en grand habit; les officiers des gardes en uniforme, et les femmes de finance avec tous les diamans de leurs écrins. J'étais une fois bien tranquille et bien modestement assise au bas de l'église, où j'entendis Mme la Poupelinière qui disait à côté de moi que Mme de Créquy, Mme de Marsan et Mme d'Egmont venaient d'avoir le bonheur de se faire placer dans le chœur de l'église avec les religieuses. — Sont-elles heureuses de voir celles qui chantent! — sont-elles heureuses, ces grandes Dames!...... et ce ramage-là continua jusqu'à la fin de la dernière Lamentation. Quand elle vit cette petite dévote qu'elle ne connaissait point, et qui ne soufflait pas, s'en aller en si grand et si bel équipage, avec les livrées de mon fils qu'elle connaissait de reste, elle en eut des transes mortelles, à ce que me dit le Maréchal de Richelieu.

Voici venir le récit du seul accident mémorable qui me soit arrivé dans l'église de Longchamps. Il y avait à la cour, à la ville et partout où l'on pouvait aller, une Marquise de Sainte-Aulaire, infiniment belle, assez joyeuse, un peu légère, et que nous appelions à cause de cela *la divinité qui s'amuse* (1). Je la rencontre à la porte du cloître un

(1) Nicole-Angélique de la Rayove, veuve de Marc-Antoine de Beaupoyl, Marquis de Sainte-Aulaire et de Lanmary, Grand-Échanson de France, Chevalier des ordres du Roi et son Ambassadeur en Suède, lequel était mort à Stockholm en 1749. Il avait ordonné qu'on n'envoyât pas son corps en France, et comme on lui voulut faire observer qu'il ne pourrait être inhumé en terre sainte dans un pays de huguenots; — Mais, répondit-il, le protestantisme ne date pas de si loin; vous n'aurez qu'à faire creuser deux toises de plus, je me trouverai parmi des catholiques.

Tout donne à penser que le fameux quatrain du Marquis (François-Joseph) de Ste-Aulaire à Mme la Duchesse du Maine n'est ignoré de personne, mais s'il pouvait être inconnu de mon petit-fils, j'en serais inconsolable et j'en serais honteuse, attendu qu'il était, de mon temps, le plus illustre et le plus renommé des madrigaux!

« La divinité qui s'amuse
« A me demander mon secret,
« Si j'étais Apollon, ne serait point ma Muse;
« Elle serait Thétis, et le jour finirait.....

J'ai rencontré parfois le vieux Marquis de Ste-Aulaire. Il était de l'Académie Française, et l'on y faisait grande attention pour les motifs de sa naissance, de son esprit ingénieux, de la dignité de son caractère, et de sa politesse exquise. Je ne sache pas qu'il eût jamais fait d'autres vers que ceux de ce quatrain; mais il ne faut pas supposer que ce soit la seule illustration de sa famille. Elle a fourni plusieurs Grands-Officiers à la Couronne, et rien n'est si beau que ses alliances. Il y a un jeune Ste-Aulaire qui vient d'épouser la riche héritière des Soyecourt, dont la mère est Princesse de

Vendredi Saint, bon jour, bonne œuvre, et la voilà qui joint ses belles mains pour me conjurer de la faire entrer dans le sanctuaire avec quatre Polonais, quatre Potoski, quatre Palatins, disait-elle; et comme le refus m'aurait toute embarrassée, pour cause de la présence des quatre jeunes gens, je fis un horrible mensonge à la tourrière, en lui disant qu'ils étaient de ma compagnie, et nous arrivons aux places que mon fils avait fait réserver pour Mᵐᵉ votre mère et pour moi; la belle Sᵗᵉ-Aulaire y prit celle de ma belle-fille, et voilà ce qui ne me fit aucun plaisir, attendu qu'elle n'avait pas apporté de livre de prières : ainsi vous pouvez juger de sa belle contenance à l'église et pendant l'office? Enfin la musique se fait entendre, et voilà ces quatre Polonais qui commencent par se mettre à gémir, ensuite à fondre en larmes, à sangloter, à tomber par terre et s'agiter en syncope, et tellement qu'on fut obligé de les emporter hors de l'église, où Mᵐᵉ de Sᵗᵉ-Aulaire eut l'obligeance de les accompagner.

— Qu'est-ce que c'est donc que ces grands garçons qui se ressemblent comme quatre gouttes d'eau et qui se mettent à pleurer à l'envi l'un de l'autre, en entendant les Lamentations de Jérémie?

— C'est quatre Polonais, quatre Potoski, quatre Palatins, ne m'en demandez pas davantage, attendu que je n'en sais pas plus.

Nassau, et l'on a dit qu'il était le dernier de sa maison. Vous devez être parens, par les d'Alègre de Tourzel ou les du Guesclin : je n'y suis plus, je ne me rappelle pas lequel des deux, mais c'est l'un ou l'autre? (*Note de l'Auteur*, 1802.)

M. le Comte d'Artois raconta le lendemain qu'ils étaient allés voir, cinq ou six jours auparavant, le pavillon de Bagatelle que ce prince a fait construire dans le bois de Boulogne, et que son valet-de-chambre concierge avait été bien étonné de les y voir s'arrêter subitement dans la salle à manger devant une figure de Pomone, se regarder entre eux, s'embrasser avec beaucoup d'émotion, et verser des pleurs avec une abondance intarissable. Quand les frères Potoski furent un peu revenus de cet attendrissement, ils dirent à leur guide que c'était parce que cette statue ressemblait à une de leurs cousines qui demeurait en Pologne et dont ils étaient amoureux tous les quatre; mais qu'il n'y avait, disaient-ils, que le plus jeune et l'aîné qui en fussent traités aussi favorablement que des amoureux peuvent désirer de l'être. M. le Comte d'Artois avait trouvé la chose tellement divertissante, qu'il leur avait fait envoyer un plâtre de ladite statue, dont l'original est une belle figure de Jullien. Mme de Lamballe nous dit aussi qu'ils avaient fait demander à voir la collection du Palais-Royal, et qu'ils avaient répandu des torrens de larmes en regardant plusieurs tableaux du Corrége et du Dominicain; enfin, quand ils se trouvèrent dans la galerie du Luxembourg, et qu'ils y virent les chefs-d'œuvre de Rubens, leur désolation fut inexprimable. Ils allaient s'aventurer fort imprudemment pour faire un voyage en Italie, pays de la musique et de la peinture, où je ne doute pas qu'ils ne soient morts d'enthousiasme et d'attendrissement. C'étaient du reste quatre Polonais bien élancés, et vêtus comme d'uniforme en taffetas

Blaise-et-Babet, couleur changeante; mais c'était, vous en conviendrez, les plus singuliers Palatins et les plus étranges Potoski qu'on ait jamais vus (1).

On savait qu'une belle demoiselle Duthé (je n'ai pas besoin de vous dire la profession qu'elle exerçait) avait fait les plus belles dispositions pour aller se promener à Longchamps; à présent que j'ai déblayé le terrain sans avoir balayé la route, ainsi que vous voyez, j'en arrive à son aventure.

Elle était vêtue tout uniment, nous dit-on, d'un fourreau très juste en taffetas couleur de chair, lequel était recouvert d'une *samaritaine*, espèce de longue et large chemise en organdie très claire et bien empesée, qui fronçait autour du col et des poignets, qui descendait jusque sur les chevilles, et qui se rattachait autour de la taille au moyen d'un nœud de rubans noirs; elle était coiffée d'un léger chapeau de gaze noire *à la caisse d'escompte*, c'est-à-dire sans fond; elle avait laissé toutes ses perles avec ses diamans au logis, et vous voyez que sa parure était d'une simplicité qui s'accordait parfaitement avec l'innocence de ses habitudes (2); mais

---

(1) Voyez relativement à ces actes de sensiblerie, *la Correspondance de Grimm*, tom. V, page 22. (*Note de l'Éditeur.*)

(2) Les jeunes gens rapportaient sur Mlle Duthé qu'un protestant, de Genève, avait entrepris de la convertir en lui faisant lire la Bible : — Pourquoi voudriez-vous, disait-elle en lui bâillant au nez, que je m'occuperais de *l'ancien Testament*? J'avais entendu dire qu'on en avait fait un *nouveau*, et nécessairement, je l'aimerais mieux que l'autre... Ceci me rappelle une histoire de Létorières sur deux demoiselles de l'Opéra qui se disputaient dans les coulisses, et l'une reprochait à l'autre

son équipage n'était pas aussi modeste que sa toilette, ainsi que vous en pourrez juger par cette description que nous en donnèrent les *nouvelles à la main.*

« Ce carrosse consiste en premier point dans une caisse de vis-à-vis à fond d'or, laquelle est ornée des plus brillantes et des plus fines peintures en arabesques de couleurs variées. On y voit sur les panneaux des amours qui forment des chiffres en guirlandes de fleurs, et rien n'est plus admirablement traité que ces beaux ornemens, qui ne sauroient être sortis que d'une imagination riante et d'un pinceau aussi habilement exercé que celui du premier élève du célèbre M. Boucher, le sieur Jâron, jeune artiste sans rival pour ces sortes de compositions galantes et pour le fini de ses œuvres de goût. L'intérieur de ladite caisse est garni pour l'impériale d'une glace à biseau sans tain, fondue pour la place, et défendue à l'extérieur et contre la grêle, par un grillage assez serré, mais très léger nonobstant, lequel est en bronze doré, ciselé en

***

qu'elle avait été si mal élevée, qu'elle ne savait seulement pas son *Pater !* — Ah ! je ne sais pas mon Pater ? et je ne le sais pas par cœur, et d'un bout à l'autre encore ? Eh bien ! parions six francs que je vais le dire devant tout le monde ? — Les deux demoiselles empruntent chacune un écu de six livres, on dépose l'argent de la gageure en main tierce, et le cercle se forme. — *Je crois-t-en Dieu le père tout puissant qui a été conçu du Saint-Esprit de la Vierge Marie qui est descendue aux enfers...* — Ah c'est vrai ! c'est ma foi vrai ! s'écrièrent les autres, Mlle Atalin sait son Pater ! Elle a gagné son pari !

(*Manus. du Chev. de Montbarrey.*)

forme dite mauresque, et chargé d'une quintefucille dorée sur le nœud de chacun de ses compartimens à vide. Tout le pourtour intérieur de la caisse est garni de sachets remplis d'herbes de Montpellier de l'odeur la plus délicatement suave, et lesdits coussins sont recouverts d'un satin gris de perle, agréablement et richement brodé de fleurs champêtres en couleurs naturelles, infiniment déliées dans leurs formes, et qui serpentent sur un treillage à carreaux d'or, également en broderie sur ledit satin. Les deux siéges du vis-à-vis sont également rembourrés en herbes parfumées; mais ils ne sont recouverts que de satin gros-vert, tête-de-canard, laquelle étoffe est brodée en fleurs et feuillages d'un vert nuancé de toutes les nuances de la même couleur, jusqu'au vert Céladon le plus tendre. Le tapis de pied, dans la caisse, est formé de la dépouille de certains oiseaux du Tropique, étincelans d'or et de mille couleurs. On prétend savoir que ce seul tapis est une affaire de trente-six mille livres. »

« Ladite caisse est posée sur une large coquille dorée dont tout l'intérieur est garni par des lames en nacre de perle, application méritoire et qui fait le plus grand honneur au talent du sieur Hullot, marchand tabletier de la rue des Prouvaires, à raison de ce qu'il a suivi les ondulations de cette vaste coquille, où le revêtissement de nacre est ajusté de manière à paraître absolument d'un seul morceau. Ladite coquille, qui pose sur le train du carrosse, a l'air d'être soutenue par des groupes de charmans génies et de jeunes Tritons, coulés en bronze avec une légèreté merveilleuse et dorées au mat; le train doré, les roues cannelées et dorées, ce qui va sans dire, et les moyeux des roues en argent massif, ce qui paraît la moindre chose, au milieu de tout le reste.

« Telle est la description de ce prodigieux équipage, ainsi qu'elle a résulté de nos observations; ayant eu le bonheur d'être admis à le contempler dans la cour de l'hôtel de M. le Duc du Chastelet, où ce jeune seigneur avait ordonné qu'on la conduisît, à dessein de la faire voir à ses amis ainsi qu'à plusieurs dames de sa famille. On nous a dit que les deux chevaux blancs, qui conduisaient le carrosse à Lonchamps, étaient harnachés en tresses d'or et gros-vert, qu'ils étaient ferrés d'argent, et qu'ils portaient des panaches, ce qui serait effectivement d'une indécence intolérable; mais nous donnons ceci comme un bruit de la ville, en ne garantissant, suivant notre usage, que ce dont nous nous sommes précisément et positivement assurés. »

J'étais chez mon neveu du Châtelet quand il y fit amener cette voiture, et je n'ai jamais vu description plus exactement conforme à la vérité que celle de ces imbéciles des nouvelles *à la main*.

On avait arrêté au milieu de l'avenue de Longchamps cette Vénus Aphrodise (autrement dit *née de l'écume des flots*); on envoya la déesse au Fort-l'Évêque et sa coquille de nacre en fourrière. Il ne faut pas croire que ce fut, ainsi que l'ont dit certains journaux étrangers, parce que son *vis-à-vis avait paru plus beau que le carrosse de la Reine* (qui n'était pas à Longchamps), ce fut uniquement à raison du scandale qui résultait de voir afficher par une telle personne, un pareil luxe, et ce fut, malheureusement pour la France et pour nous, la dernière exécution *monarchique* de l'ancien gouvernement (1).

Voici le moment de vous parler de cette malheureuse affaire du collier, dont l'esprit de rancune aurait voulu faire un crime au Cardinal de Rohan; vous verrez comment on manœuvra dans le conseil du Roi, de manière à livrer les élémens d'un pareil scandale au dénigrement du philosophisme et de la démocratie française.

(1) Mlle Duthé n'est revenue d'émigration qu'en 1815. Elle est morte dans sa maison de la rue Basse-du-Rempart, à Paris, en 1829, âgée de 94 ans.   (*Note de l'Éditeur.*)

CHAPITRE XII.

Lacune au sujet du procès pour le collier. — Explication qu'on en donne au lecteur. — Lettre inédite de l'abbé Georgel à l'occasion de ce procès.

Avis de l'Éditeur. *Le récit de l'affaire du collier aurait dû trouver sa place à l'époque où nous sommes parvenus, mais après des explorations sans nombre et toutes les investigations possibles dans les manuscrits de l'auteur, on peut affirmer qu'il ne s'y trouve plus absolument rien qui puisse fournir les élémens de ce même récit. L'auteur en avait pourtant mentionné l'existence à plusieurs reprises ; ainsi, tout donne à penser que des considérations de famille (et non pas des obligations de conscience) en auront déterminé le retranchement ou la destruction.*

Il n'est pas à supposer que ce soit de l'aveu de Madame de Créquy ; mais toutes les personnes qui ont eu l'honneur de la connaître et le bonheur de causer avec elle, ont été suffisamment prévenues de son opinion sur le fond des choses et les incidens de cet étrange procès. Elle était à peu près dans les mêmes convictions que l'Abbé Georgel ; et quoiqu'elle fût proche parente du Baron de Breteuil, qui a recueilli presque tout son héritage à défaut de parens plus proches, ainsi qu'elle le dît elle-même, Madame de Créquy n'hésitait jamais à défendre le Cardinal, en blâmant ouvertement la conduite des Ministres de Louis XVI et principalement celle de M! de Breteuil.

Cette lacune dans les souvenirs que nous publions ne nous paraît pas la plus regrettable; en ce qu'elle peut être aisément remplacée par un autre ouvrage écrit dans le même esprit. Si nous indiquions les Mémoires de l'Abbé Georgel à ceux qui voudraient connaître l'opinion de l'auteur sur cette déplorable affaire, ce serait avec une pleine confiance; en ayant seulement la précaution d'en excepter tout ce qui pourrait être défavorable à la Reine, à qui Madame de Créquy a toujours rendu meilleure justice que ne l'a fait l'Abbé Georgel.

Le seul document inédit qui se rapporte au procès du collier et qui soit resté par hasard et par oubli, sans doute, à la disposition de l'éditeur est une curieuse lettre de l'Abbé Georgel, Vicaire-Général du diocèse de Strasbourg. Comme on sait que la personne à qui cette lettre fut adressée était la proche parente et l'intime amie de l'auteur, on n'est pas surpris qu'elle ait pu se trouver dans ses papiers; et du reste, l'éditeur en possède l'original autographe.

A SON ALTESSE

MADAME LA COMTESSE DE MARSAN.

« Madame;

« Cessez de vous inquiéter pour son Altesse Eminentissime; elle supporte avec toute la douceur

« et la dignité d'un Prince et d'un Évêque outragé,
« l'impitoyable coup dont elle est frappée ; mais
« elle en souffre sans accablement, parce que sa
« conscience ne lui reproche rien. La santé de M.
« le Cardinal se soutient dans sa prison, dont les
« rigueurs sont modérées, et son âme est en paix.

« Le Roi, sur l'avis de son conseil, vient de ren-
« voyer l'affaire au Parlement. On vient de m'é-
« crire que les lettres patentes de ce renvoi étaient
« déjà enregistrées. Le procès d'un simple clerc ne
« saurait être instruit que par les juges ecclésiasti-
« ques ; un Évêque, et je ne dirai pas seulement
« un Évêque Souverain, mais un Prince de l'Église,
« un Cardinal, aurait-il moins d'immunités ? L'his-
« toire de France offre sept exemples de Cardinaux
« accusés par nos Rois ; aucun n'a pu être jugé en
« sa personne, et le Chancelier d'Aguesseau, lui-
« même, est obligé de convenir que sur douze
« exemples de procès intentés à des Évêques fran-
« çais il y en a onze en faveur des immunités de
« l'Église Gallicane.

« En 1654, le procès du Cardinal de Retz fut
« envoyé au Parlement par lettres patentes qui pa-
« raissent avoir servi de modèle à celles-ci, mais
« trois ans plus tard, une déclaration solennelle
« du Roi révoqua l'attribution séculière et recon-
« nut ce droit des Évêques français qui consiste à
« ne pouvoir être jugés que par ceux de leur pro-
« vince ecclésiastique, assistés ou présidés par leur
« Métropolitain. Il s'agissait pourtant d'un crime
« de lèze-majesté au premier chef, et la prétention
« royale avait été qu'un tel crime faisait cesser

« toute immunité. Il est inutile de faire observer à
« Votre Altesse la différence de la situation où se
« trouvait le Cardinal de Retz avec celle où se
« trouve M. le Cardinal de Rohan ; il n'y a sans
« doute aucune parité possible entre conspirer pour
« s'emparer forcément de la personne du Roi, et
« la situation d'un homme qui se trouve nommé
« dans une misérable intrigue, où la femme d'un
« officier de la maison du Roi a fabriqué des bil-
« lets, des lettres et de fausses signatures de la
« Reine. Voilà tout ce qu'on est en droit de re-
« procher à notre cher Cardinal, Madame ; et
« puisqu'on ne l'accuse de rien qui puisse inté-
« resser directement la personne du Roi ni la
« sûreté de l'État, nul doute que le droit commun
« ne doive subsister pour lui dans toute sa force.

« M. le Cardinal a pu se laisser tromper par une
« intrigante, et je vous dirai que deux ministres
« du Roi, qui ne s'en vantent pas aujourd'hui,
« l'avaient été par cette Mme de la Mothe, il y a
« de cela, tout au plus dix-huit mois. Elle a trouvé
« moyen de leur escamoter plus de vingt mille écus
« en argent comptant, et si M. le Cardinal a pris
« trop de confiance dans les paroles de cette habile
« intrigante, il n'a pu douter au moins de l'au-
« thenticité de certains actes et de l'autorité de
« certaines pièces émanées de ces messieurs, et que
« cette femme avait à sa disposition. C'est une ma-
« nœuvre infernale, ou c'est de la part des autres
« ministres une affaire de stupidité sans exemple.

« Ne croyez pourtant pas, Madame, qu'il y ait
« de l'impéritie de la part de M. le Garde-des-

« Sceaux, ni du côté de M. de Vergennes. Ils sa-
« vent très bien ce qu'ils font. L'un connaît le
« droit français, l'autre la politique étrangère et
« la coutume romaine. Mais ils s'entendent avec
« notre ennemi ; mêmes vues, même sentiment
« d'envie, mêmes aversions ! Ils savent que l'Ar-
« chevêque-Électeur de Mayence, Métropolitain de
« Strasbourg, revendiquera le droit de faire ins-
« truire et celui de juger une accusation dont on
« charge un de ses suffragans. Ils savent que le
« clergé français va faire des remontrances, et que
« tous les Princes de l'Empire vont murmurer. Ils
« se taisent en ayant l'air de déférer à l'apparente
« équité d'un renvoi devant la magistrature na-
« tionale.

« Si les clameurs sont faibles, l'information n'en
« sera pas ralentie ; si les difficultés grossissent, le
« Roi, ou plutôt ceux qui font parler S. M. parce
« qu'ils ont surpris sa religion, seront obligés de
« reculer, ce qui serait bien avantageux pour nous,
« car Votre Altesse imaginera fort aisément qu'il
« faudra trouver une victime à l'autorité compro-
« mise. Alors, pourquoi celui qui a été *l'agent* de
« toute cette manœuvre, ne serait-il pas chassé du
« ministère qu'il occupe, et signalé comme étant
« *l'auteur* de cet infâme complot ? Tous les intérêts
« seraient conciliés par cet acte de justice et de fine
« politique. On aurait laissé compromettre la di-
« gnité de la couronne et le nom sacré de la Reine.
« On aurait insulté la pourpre romaine et l'épisco-
« pat par un débat scandaleux. De profondes ven-
« geances auraient été exercées contre votre fa-

« mille, et tous les ressentimens respectifs seraient
« satisfaits.

« Madame, j'oserai vous dire que le mot de cette
« abominable intrigue est *Breteuil*. Que ce soit le
« secret de toute votre vie (1)!..... »

(1) Louis-René-Édouard, Cardinal-Prince de Rohan, Évêque et Prince de Strasbourg, Landgrave d'Alsace, etc., né à Versailles en 1755, mort à Forbach en 1802. Après sa détention à la Bastille et le jugement qui l'avait absous, il n'en fut pas moins dépouillé de ses offices de Grand-Aumônier de France et de Commandeur du Saint-Esprit. Il fut exilé et se retira dans la partie de sa souveraineté qui se trouvait au-delà du Rhin. Il s'occupa premièrement d'aquitter ses dettes, et il a passé le reste de sa vie dans la pratique de toutes les vertus chrétiennes. Il est assez connu que pendant l'émigration, M. le Cardinal de Rohan n'a cessé d'assister les ecclésiastiques et tous les autres réfugiés français avec une générosité magnifique.

(*Note de l'Éditeur.*)

CHAPITRE XIII.

M. de Monthion. — Ses manies académiques. — Ses générosités à l'égard des inconnus et sa dureté pour ses proches. — Remarque de M. Royer-Collard sur les prix Monthion. — Prévision de Cazotte et chanson séditieuse. — Remarque de l'auteur sur deux chansons prophétiques. — Ridicules contemporains. — Parallèle avec certains ridicules antérieurs.— ,es modes de la régence et celles de 1788. — Étranges coiffures de Mmes de Luynes, de Laval et de Matignon. — Dondon-Picot et l'amour du simple. — La princesse de Broglie et Mme de Clermont-Tonnerre. — Nouvelle manière de procéder à table. — La famille du Marquis de V...... — Le chant du rossignol et M. Dupont (de Nemours). — Poésies de Mme de Staël. — La famille de C..... — Plusieurs anecdotes. — L'usage de faire pâtir les enfans. — Les bains à la *Dauphine* et les médecines noires. — Les enfans du Prince de Montbarrey. — Leur régime à Versailles et leur guérison chez l'auteur. — Le Marquis de L.... et ses bons mots. — Le jardin de M. Mousseaux. — M. de Bièvres et ses calembourgs. — Anecdotes.

On aurait dit que le Chancelier de M. le Comte d'Artois, ancien Intendant du Limousin, et nommé M. de Monthion, n'avait à songer, ni s'occuper, ni parler d'aucune autre chose que de l'Académie Française. Il y voulait fonder des *prix de vertu* qui seraient décernés par les académiciens, comme si les quarante avaient été choisis d'après leur aptitude à remplir une pareille judicature. On y fit une ou deux fois 'application de l'argent qu'il avait donné pour récompenser les actes les plus admirables, et ceux-ci consistèrent dans la prodigieuse vertu d'avoir assisté des pauvres et soigné des malades ; vous pensez bien que ce ne furent pas les bonnes sœurs hospitalières et les Dames de charité qui vinrent se présenter à l'Académie pour y recevoir des récompenses et des médailles à l'effigie de M. de Monthion ?

— Puisque des Académiciens qui sont institués pour avoir à s'occuper de la propriété des locutions et de l'emploi des métaphores, vont avoir à décider quel est l'homme le plus vertueux, quel est le livre le plus utile et quelle est la meilleure action qui ait eu lieu dans le cours de l'année, dans la *classe inférieure* et dans la banlieue de Paris (car ce sont les trois conditions du programme de M. de Monthion); je voudrais bien, disait M. de Nivernais, que MM. les Curés de Paris, jaloux de voir empiéter sur les attributions qu'on aurait cru de leur ressort plutôt que du nôtre (car nous ne sommes que des littérateurs et des grammairiens ou des grands-seigneurs, soit dit sans offenser personne), je voudrais bien que les curés de Paris fondassent un prix qui serait décerné par eux à l'auteur de la meilleure idylle, ou du plus beau dithyrambe qui paraîtrait tous les ans dans le diocèse de Paris. — Monsieur, disait-il à ce pauvre Monthion dont tout le monde se moquait, je vous conseille de nous faire examiner quel a été le sentiment le plus délicat et la meilleure pensée de la D^{lle} Chinery qui vole des enfans pour leur apprendre à danser sur la corde ; elle est de la *classe inférieure*, et si vous l'oubliez dans vos distributions, on aura lieu de s'en étonner.

On n'avait jamais rien vu de si solennellement niais que les distributions de ces prix de vertu, avec la ridicule proclamation d'une ou deux personnes vertueuses, comme il y en avait par milliers dans tous les hôpitaux, les sacristies, les congrégations et les communautés du Royaume. Mais il était convenu qu'il fallait se passer de religion ; la charité n'équivalait pas à la bienfaisance, et du reste la bienfaisance était pour beaucoup moins dans les calculs de M. de Monthion, que l'envie de se faire élire à l'Académie française où ses ennuyeuses brochures n'avaient jamais pu le faire parvenir. Il en avait rêvé toute sa vie, et ne sachant plus de quel marteau frapper à cette porte, il imagina d'en pousser les battans avec des lingots philanthropiques. Quand il avisait et prévoyait que son nom, proféré solennellement à la distribution de chacun de ses prix, le rendrait immortel à l'égal du Cardinal de Richelieu et du Chancelier Séguier, autre bienfaiteur de l'Académie française, il en exultait sous sa grosse perruque, et si les suffrages académiques avaient pu se mettre à l'enchère, il aurait certainement donné pour se les acquérir la presque totalité de son bien, de son vivant ! ce n'est pas qu'il ne fût vilainement avare, mais c'est qu'il avait tendu toutes les fibres d son amour-propre et les muscles de son affection sur l'Académie française. — Mon Dieu ! Mon Dieu ! disait-il après le 10 août, avec l'accent d'un mortel effroi, — croyez-vous que l'Académie française aurait quelque chose à risquer ?... Il a toujours été dur et sordide : avec un revenu de trente mille écus de rente, il se refusait à payer la pension d'une de ses nièces qui n'avait aucune fortune et qui était la fille de Mme de Fourcy. Il entassait continuellement écu sur écus pour instituer des prix académiques, et c'était du reste un gros Maître-des-requêtes assez bourru, sottement philosophe et lourdement ennuyeux. On l'avait surnommé *le Sanglier philanthrope* (1).

— Savez-vous comment tout ceci finira? disait Cazotte à Mme de Beauharnois (c'est la Comtesse dont je vous parle, attendu que personne de ma société ne voyait la femme du Vicomte). — Écoutez ces couplets de M. de Laclos, familier du Duc d'Orléans. On les a fait distribuer à la caserne des gardes-françaises, et vous verrez qu'ils sont allusifs à la condamnation du Roi d'Angleterre Charles Ier.

LE CHEVAL ET SON MAITRE.

ALLÉGORIE

Sur l'air : *Il était une Fille.*

Bien loin de cette ville,
Un seigneur déloyal

---

(1) Jean-Baptiste-Robert Auger, Baron de Monthion, etc.; né à Versailles en 1755, mort à Paris en 1820. On sait qu'il a richement institué par son testament un grand nombre de prix qui doivent être décernés (au jugement de l'Académie française et de l'Académie des sciences), en faveur de ceux qui auraient fait l'action la *plus vertueuse*, publié le *meilleur livre de morale*, ou découvert *le procédé le plus utile à l'humanité.* Il a déshérité toute sa famille en faveur de l'humanité, de la morale et de la vertu.

Eut autrefois un bon cheval ;
Soumis autant qu'utile,
Sur ce point capital,
Il n'avait pas d'égal.

Au lieu de reconnaître
Le service constant
Qu'il en tirait à chaque instant,
Voilà qu'un jour le maître,
Parfois un peu brutal,
Maltraita son cheval.

Piqué de l'injustice,
Le cheval se cabra,
Comme aisément on le croira ;
Un beau jour il se glisse
Dans les bois, et s'en va,
Plantant son maître là.

Celui-ci, plein de rage,
Avec ses gens courait,
Pour voir s'il le rattraperait.
Mais l'autre, en son langage,
Lui dit : il n'est plus temps.
J'ai pris le mors aux dents !

On connaît assez la manière dont on a distribué jusqu'à présent ces prix de vertu, de morale et d'utilité publique, à l'Académie française, et du reste, la composition de l'Académie suffit à l'explication. — *Voilà que nous ne savons plus à qui décerner ces prix Monthion*, disait l'an dernier M. Royal-Collard, — *pendant que la pauvre femme de M. Guizot était vivante, il n'y en avait que pour elle.* (Note de l'Éditeur.)

Le maître, dans la suite,
Eut beau le menacer
Et puis après, le caresser,
Pour toute réussite,
Il n'eut qu'un coup de pied,
Il fut *estropié*.....

Cela nous apprend comme
C'est en le traitant mal
Qu'on perd toujours un bon cheval.
Ce trait du gentilhomme,
Qu'on a mis en français,
Est tiré de l'anglais.

Il est assez singulier que toutes les péripéties révolutionnaires nous aient été prédites avec une exactitude parfaite, et principalement par deux chansons, c'est-à-dire la *Turgotine*, en 1773, et ces couplets du sieur de Laclos, en 1778, à la distance de quinze années pour le moins entre la publication de ces deux révélations démocratiques et les événemens de la révolution française. Cazotte assurait très sérieusement que le diable intervenait puissamment dans toutes les intrigues du Palais Royal, et qu'il avait dû se mêler de la composition de ces mêmes couplets? Ceux que j'ai fait copier ici ne sont pas moins à considérer comme une révélation de la mauvaise volonté du duc d'Orléans, que pour leur exécution régicide: mais la Turgotine est d'une précision bien autrement prodigieuse; on y parle de tout, jusqu'à des noms de légumes qui seront inscrits à la place des saints dans le calendrier de 93. Si je ne vous la reproduis point, c'est qu'elle est imprimée dans mille endroits, tandis que cette autre chanson régicide ne s'était débitée qu'avec une sorte de mystère.

L'extravagance des modes était devenue parfaitement d'accord avec celle des idées, et toutes les coutumes sociales participaient de la folie du temps. J'en avais vu d'outrageusement sottes et principalement sous la régence. J'avais vu porter sur les tempes, ainsi que je vous l'ai déjà dit, des emplâtres d'onguent anodin pour soulager les vapeurs, et ces larges mouches étaient garnies de petits diamans, de pointes d'acier taillées à facettes, ou bien avec des grenats; c'était comme on voulait, pourvu qu'elles eussent l'air de vous avoir été clouées dans la chair. J'avais vu porter de la poudre d'or sur les cheveux, ce qui n'allait qu'aux blondes et ce qui rendait les brunes abominables. J'avais vu les talons des chaussures excéder les prescriptions de l'équilibre, au point que l'on ne pouvait marcher que sur le bout des orteils. Enfin j'avais vu les dessins des meubles se dégingander et se déjeter comme de chétives personnes à qui la taille se tord et dont les membres se tournent. Et puis toutes les formes d'ornemens se torturer sur les boiseries, dans les reliefs d'encadrement, les bijoux, la vaisselle et tout ce qui s'en suit. C'était des contourneries et des tortillonages à bâtons rompus en dépit du bon sens et du bon vieux goût, avec des rinceaux brisés, des rameaux avortés, des coquilles estropiées, des Cupidons cachés dans une rose et mille autres figures impertinentes. Nous avions vu sur nos habits et nos lambris des oiseaux fabuleux, des papillons chimériques et biscornus, prodigieux insectes ! avec des feuillages absolument inconnus des botanistes, et puis des fleurs ! ah ! des fleurs comme on n'en voit nulle part, et pas même dans les serres chaudes. On n'a jamais vu des animaux et des fleurs de cette nature et de cette physionomie-là que dans les fièvres chaudes...

J'avais donc vu des coutumes ainsi que des modes ridicules, en assez grand nombre, mais je n'en avais jamais vu d'aussi désagréablement insensées que celles de l'époque où nous sommes parvenus. Les hommes étaient vêtus de ce qu'on appelait un *frac*, mot anglais qui veut apparemment dire une sorte d'habit étriqué et ridiculement échancré sur les hanches, qu'il ne recouvre pas. Cette manière d'habit, qui formait la queue d'hirondelle, était, par exemple, en drap d'écarlate, avec de larges boutons composés d'un cercle en cuivre doré, lequel enchâssait un gros verre de montre qui recouvrait et maintenait agréablement des brins de mousse, des coccinelles, des sauterelles, et de petites mouches cantharides. Avec un habit rouge on mettait le plus souvent un gillet de mousseline, une culotte de soie noire et des bas chinés bleu sur blanc. Coiffure à *la débâcle*, avec une petite queue sans bourse et sept à huit onces de poudre sur le collet et sur le dos de son habit. Deux longues chaînes de montre avec chacune un paquet de glands creux, de grelots, de petites clochettes, de sonnettes et autres sornettes qu'on appelait breloques ; enfin, pour le complément de cette belle parure, on tenait une *badine*, c'est-à-dire une petite gaule en bois souple, comme celles des valets de garde-robe pour épousseter les meubles. Le petit de Vérac était persuadé qu'on avait toujours porté des badines, et quand nous l'interrogions sur l'usage qu'on pouvait en faire, il nous disait que c'était excellent pour battre les chats.

Les jeunes femmes étaient misérablement habillées en fourreau de linon, de toile de Perse ou de petites soieries mesquines; fichu de mousseline empesée, qui grimpait raidement jusqu'au milieu des joues et qui leur simulait, par de gros plis sur la poitrine, une sorte de protubérance exorbitante. Chevelure à grosses boucles poudrées, chignon flottant, souvent déployé dans toute la longueur des cheveux, et descendant, si faire se pouvait, jusqu'au bas de la taille. On les *captivait* alors dans un *coulant* d'écaille ou d'acier, de la longueur de cinq à six pouces; et ceci, du reste, était une mode adoptée par les jeunes conseillers du parlement et autres magistrats qui se trouvaient dans la nécessité de porter leurs cheveux longs et dénoués, en commémoration de la grande perruque à trois écheveaux. C'était malheureusement la seule obligation qu'ils eussent conservée du temps de Louis XIV. Cette folle invention des cheveux flottans et poudrés (sans oublier l'emploi de la pommade indispensable pour y faire tenir la poudre), avait obligé de raccourcir le dossier des fauteuils, et ce fut l'occasion d'imaginer ces petits vilains sièges exigus à dos cirulaire ou chantourné, que vous verrez aujourd'hui dans presque tous les salons; meubles sans dignité, sans grâce et sans commodité surtout. Plusieurs maîtresses de maison se mirent à faire couvrir leurs meubles avec des housses, ce qu'on n'avait jamais vu jusque-là et ce qui nous parut misérablement prévoyant; les autres se contentèrent de faire ajuster en haut de leurs dossiers une bande de taffetas qui reçut l'élégante et délicate appellation de *par-à-graisse*, et qu'on était obligé de renouveler plusieurs fois par mois, sous peine de saloperie. La M^{ise} de Laigle en avait pris le parti de ne plus s'asseoir que sur des tabourets, et la Duchesse de Fleury, pour plus de sûreté, faisait toujours apporter le sien (1). La coiffure des jeunes femmes était devenue si démesurément élevée, qu'on avait retiré les banquettes de leurs voitures, et qu'elles ne s'y asseyaient que sur des coussins piqués, qui n'avaient pas plus d'épaisseur qu'un sachet de Montpellier. Vous dire à présent ce que ces pauvres femmes se laissaient mettre sur la tête, au-dessus de leurs boucles poudrées, ce serait impossible à cause du désordonné, de l'informe et de l'inexplicable configuration de tous ces gazillons chiffonnés qu'on appelait des *Poufs* et des *Valgalas*. On ne pouvait s'y reconnaître et je ne saurais m'y retrouver.

M. Léonard, coiffeur de la Reine, celui que Monsieur, Comte de Provence, appelait le *Marquis*

---

(1) Anne-Madeleine-Françoise-Émilie de Monceaux d'Auxy, veuve d'André-Hercule de Rosset de Rocosel, Duc de Fleury, Marquis de Pérignan, Comte de Versanobre, etc., morte à Paris en 1799.

Léonard (pour le distinguer de son frère le *Chevalier*, dont l'emploi se bornait à couper les cheveux), M. Léonard s'était vanté de coiffer la Duchesse de Luynes, qui n'y regardait guère, avec une de ses chemises, et ce fut la bonne Mme Thibault, femme de chambre de la Reine, qui fut chargée d'en obtenir la permission de Sa Majesté. Cette jeune Princesse en accorda licence, à condition que sa Dame du Palais le permettrait ou ne pourrait s'en apercevoir, et Mme de Luynes arriva coiffée, sans s'en douter le moins du monde, avec une chemise de batiste; (heureusement que la cour était en deuil!) Ce tour de force eut un succès prodigieux, et Mme la Vicomtesse de Laval se montra, deux ou trois jours après, avec un naperon damassé sur la tête et mis-à-pouf, ce qui fut trouvé d'une folie tout à fait charmante!

Demandez à ma nièce de Matignon s'il n'est pas vrai qu'elle se soit fait coiffer, en l'année 1785, à la *jardinière*, avec une serviette bise (à litteaux rouges), dans laquelle M. Léonard avait artistement tortillonné un jeune artichaud, une tête de brocoli vert, une jolie carotte et quelques petites raves?

Dondon Picot, en fut si charmée, qu'elle se mit à crier : — Je ne veux plus porter autre chose que les légumes! cela a l'air si *simple*, des légumes! c'est plus *naturel*, que des fleurs! (1)

---

(1) *Dondon Picot* était un surnom donné par les auteurs des *Actes des Apôtres* et du *Petit Gauthier*, journaux aristocrates à Mme la Comtesse Charles de Lameth, riche créole, dont le nom de famille était Picot de Château-Morand.

(*Note de l'Éditeur.*)

C'était donc le plus naturel et le plus simple qui était devenu le plus à la mode. On voyait des femmes et des maris qui s'embrassaient; on entendait des frères et des sœurs qui se tutoyaient : les Dames ne se reconduisaient plus entre elles et ne se levaient plus pour se saluer. On disait des *femmes* au lieu de *Dames*, et les *hommes* de la cour au lieu des *Seigneurs*. On invitait à souper en pêle-mêle avec les plus grandes Dames, des femmes de finance, et par exemple une petite Mme de Favantines, qui se précipitait dans les salles à manger, en rudoyant et coudoyant la Baronne de Montmorency et la Princesse de Léon, la Comtesse de la Châtre et la Duchesse d'Agenois, lesquelles ne s'aimaient guère et se donnaient toujours le bras, parce que de l'union vient la force, apparemment? On se plaçait à table comme on l'entendait; chacun tranchait à sa guise et mangeait à son gré de ce qu'il avait devant soi; enfin, toute chose était devenue d'une simplicité si naturelle, que la Princesse Victor de Broglie s'était brûlé cruellement, et qu'elle avait failli s'estropier, en voulant détacher avec ses ongles une aile de perdrix qui se trouva trop chaude (1). Votre tante de Clermont-Tonnerre ne manquait jamais de retour-

---

(1) Sophie-Rose de Rozen, alors belle-fille du Maréchal de Broglie, et femme en deuxièmes noces de M. René-Marc de Voyer de Paulmy, ci-devant Marquis d'Argenson, lequel est aujourd'hui secrétaire de la Société *des Droits de l'homme*. M. le Duc de Broglie, *notabilité doctrinaire* est le fils de Mme d'Argenson et du citoyen Victor Broglie, son premier mari. (*Note de l'Éditeur.*)

ner la salade avec ses doigts, et quand elle allait donner, après souper, de petits soufflets à son *Stanislas* (les prénoms ont toujours été beaucoup plus *simples* que les noms de famille, et bien autrement *naturels* que les titres)! on entendait le mari qui lui disait amoureusement et délicieusement : — O l'appétissante amie de mon cœur! quelle odeur de bon poivre, de fines herbes et d'excellent vinaigre à l'estragon! les jolies petites mains sont à croquer (1)!

Le temps des singularités grandioses et des originalités piquantes était passé. La bizarrerie qui se montrait sous toutes les formes était sans esprit, sans élévation, sans *bonne foi,* l'on pourrait dire, et par conséquent sans grâce naturelle et sans agrément. Comme la bizarrerie était devenue presque générale, elle était dépourvue d'intérêt et de curiosité pour les autres. Personne ne ressemblait à rien; mais on se montrait dégingandé, dépenaillé, risiblement égoïste, etc., sans paraître original, et si l'on voyait pointer quelque ridicule hors de niveau, qui se détachait sur cet horizon de maussaderie terne et mesquine, c'était à grand'peine. Je vous parlerai néanmoins de la famille de Villiers, à la-

---

(1) On doit supposer qu'il est question de la femme du Comte Stanislas de Clermont-Tonnerre, née de Rosières-Soran, et depuis Marquise de Talaru, laquelle était cousine-germaine de Mme de Créquy, née du Muy et belle-fille de l'auteur. Madame de Talaru est morte à Paris en 1832, en y laissant tous les souvenirs et tous les regrets qui peuvent résulter d'un esprit distingué, d'une âme élevée, d'un excellent cœur et du caractère le plus généreux. (*Note de l'Éditeur.*)

quelle aucune autre ne pouvait être comparée pour l'extravagance.

C'était la famille du monde la plus mal organisée pour l'élocution, et c'était une famille où tout le monde parlait toujours. La maman grasseyait en nasillant, le papa susseyait et bégayait, le fils aîné bredouillait, et sa sœur aînée bégayait et susseyait en zézéyant pour faire la jolie mignonne. Il y avait toujours dans un coin de leur salle une petite sœur qui était sourde et muette, à ce que disaient les autres, et qui n'en faisait pas moins un sabbat continuel avec des bruits étranges et des cris de sauvage.

Il est bon de vous dire à présent que Mme la Marquise était une fille de finance, et que sa grand'mère était la nièce et l'héritière d'un riche dentiste, appelé Duval-Camus; mais comme de Bièvre avait dit que la fortune de cette grand'mère *avait fait crier tout Paris*, on ne la rencontrait jamais à l'hôtel de Villiers. Cette petite Marquise à prétentions était une camuse *un peu mal envisagée*, disait le Maréchal de Brissac, et du reste elle était informe, difforme et si courtement replète, qu'elle avait l'air d'un melon sur une borne. Je vous assure que la première fois que Mme de Coigny répéta cette ingénieuse hyperbole (de mon invention), elle en remboursa force complimens qu'elle a soigneusement gardés pour elle, et je l'en tiens quitte. Ce que je vous dirai du caractère et des habitudes de M. le Marquis, c'est qu'il ne parlait jamais que de ses petites affaires, et toutes les fois que l'occasion s'en présentait, il se faisait conduire à l'hôtel des postes en carrosse doré, pour y réclamer contre la surtaxe d'une lettre. C'était quelquefois pour une erreur de six liards; et ce n'était pas du tout qu'il fût un ladre, mais c'est qu'il était un véritable cogne-fétu (1). M. le Baron, son fils aîné, mettait du rouge et se balançait à l'escarpolette, quoiqu'il approchât de la quarantaine; enfin, le jeune frère du Baron, M. le Chevalier, qui faisait les délices et l'espoir de la famille, étant un brise-cœur, un matamore, un ramasse-ton-bras, qui avait la beauté, la tournure et la rhétorique d'un tambour-major. Je me souviens qu'il aurait voulu se battre en duel avec Lauzun, parce qu'un jour, étant acharné pour assommer un pauvre chien qui l'avait éclaboussé dans la rue de Grenelle, en face de chez moi, Lauzun lui dit, en passant, avec un air emphatique et passionné, ces vers de Didon:

« Tu suças, en naissant, le lait d'une tigresse;
« Non, cruel, tu n'es point le fils d'une déesse! »

Il arriva qu'un jour chacun se demanda pourquoi tout Paris avait reçu des invitations pour une grande soirée chez la Marquise de Villiers? C'était pour entendre de la musique, et tout le monde y fut avec la persuasion que ce serait une étrange affaire. On apprit en arrivant qu'il était question d'un concert vocal

(1) Brandelis-Armand Jacques de Villiers, des Sires de l'Ile-Adam, Marquis de Saint-Georges et premier Châtelain de Gâtinais, commandeur des Ordres de N.-D. du Mont-Carmel et Saint-Lazare, etc., mort à Coblentz en 1791. (*Note de l'Aut.*)

et que toutes les personnes de la famille devaient y faire leur partie. Jugez l'agréable surprise !... On se forme en cercle, et c'était un maniaque appelé M. Dupont qui devait diriger toutes ces belles voix. — Monseigneur, Mesdames et Messieurs, commença par dire M. Dupont, en faisant une inclination profonde à M. le prince de Conty, vous allez entendre une cantate imitée du chant naturel au *Rossignol*; j'ose me flatter d'avoir eu le bonheur de l'écrire et de l'accentuer sous la dictée de la nature; et puis voilà tous ces aimables enfans de la maison qui se mettent à chanter en fausset.

>Ti-ô-ou, ti-ô-ou, ti-ô-ou,
>Spéitiou z'cou-à,
>Cou-orror-pipi;
>Ti-ô, ti-ô, ti-ô, ti-ô-tixe!
>Cou-cio, cou-cio, cou-cio!
>Z'cou-ô, z'cou-ô, z'cou-ô;
>T'zi, t'si, t'si......
>Curror-tiou! z'quouâ-pipi, couî!.

C'est ainsi qu'on nous la donna bien imprimée sur papier couleur de rose, la cantate ornithologique et philomélique de M. Dupont de Nemours; figurez-vous, si vous pouvez, les fous-rires, en entendant chanter sept à huit romances telles que celles-ci par une pareille couvée de rossignols?

Parmi les choses les plus ridicules de la même époque, il ne faut pas que j'oublie de vous rapporter une autre chanson que Mlle Necker avait composée pour la convalescence de sa mère, et qu'on avait accueillie dans la famille et la société des Necker avec une approbation flatteuse. L'aveuglement de ces gens-là passait toute croyance, et Marmontel était obligé de convenir que les vers de Mlle et de M. Necker auraient été bien autrement plats s'il n'avait pas accepté la commission de les corriger. Voici donc cette belle poésie, corrigée du mieux possible, et dites-moi si l'engouement et l'admiration de ces Necker les uns pour les autres n'avait pas tous les caractères de l'iniquité ?

Air. *Je suis Lindor, ma naissance est commune.*

Moi qui goûtais la vie avec délice,
Dans un instant j'ai connu le malheur.
Belle maman, témoin de ta douleur,
J'ai dit : Pour moi la vie est un supplice.

———

En me donnant la plus digne des mères,
Ciel, tu m'as fait le plus beau des présens,
Daigne veiller sur ses jours bienfaisans,
Ou tes faveurs me seront trop amères.

———

Oui, je crains moins la douleur pour moi-même,
A tous ses traits je suis prête à m'offrir :
Les plus grands maux c'est ceux qu'on voit souffrir
A des parens qu'on révère et qu'on aime.

———

De mille maux l'essaim nous accompagne,
Mais sont-ils faits pour un être accompli ?
Ah ! d'un objet de vertus si rempli
Que la santé soit toujours la compagne.

Dans le village on nous dit qu'elle habite,
Et qu'elle suit toujours l'obscurité.
De la nature en sa simplicité,
Jamais maman n'a passé la limite.

———

Des purs esprits l'essence est impassible,
Ma mère a droit à cet heureux destin.
Ciel! n'as-tu pas réuni dans son sein
Un esprit pur avec un cœur sensible!

———

Les dieux, touchés de mon humble prière,
Ont fait cesser le mal qui m'accablait
Dans ce moment, hélas! il me semblait
Qu'un jour nouveau me rendait la lumière.

———

J'ai reconnu combien mon âme est tendre;
A quelque chose ainsi malheur est bon.
Dieu! gardez-moi de pareille leçon,
Je n'aurais pas la force de la prendre.

———

Couplet ajouté par M. Necker.

De mon papa voyez l'amour extrême :
Rien, m'a-t-il dit, ne peut vous désunir.
Un seul instant pourrait tout me ravir;
Ah! par pitié, prenez soin de vous-même.

— Mais, Bonne-maman, ne pourrait-on pas trouver un peu d'injustice et de prévention défavorable......

— Ah! vous croyez pouvoir me soupçonner, et

vous prenez les airs de me contrôler, monsieur mon petit-fils ! vous voulez dire, apparemment, que ces couplets sont de Mlle Necker et que ce ne sont pas des vers de Mme de Staël. En voulez-vous, des vers de Mme de Staël. En voulez-vous qu'elle avait composés long-temps après son mariage, et qui furent accueillis dans sa coterie du Contrôle avec un transport d'admiration nompareille? Écoutez cette chanson composée par *Mme la Baronne de Staël pour M. l'abbé Barthélemy, et chantée par elle à fin d'un souper, à l'hôtel du Contrôle-Général.* Elle est sur l'air : *Avec les jeux dans le village;* j'aurai soin d'y marquer les *bis* afin que vous puissiez la retenir par cœur avec plus d'aisance, et j'espère que vous aurez l'amabilité de nous la chanter souvent?

> Dans les champs heureux de la Grèce
> Vous qui savez me transporter,
> Aux vains essais de ma jeunesse
> Votre esprit peut-il s'arrêter !
> Est-elle à vos yeux une excuse?
> Est-ce à vous compter les ans?
> Tributaires de votre muse,
> Tous les siècles vous sont présens. (*Bis.*)

> Si vous avez de l'indulgence
> Pour un sexe souvent flatté,
> Craignez-vous que Sapho s'offense
> De ce mouvement de bonté
> Je ne sais si nous devons croire
> Que son talent était parfait,
> Mais j'aime à souscrire à sa gloire
> Quand vous couronnez son portrait. (*Bis.*)

> A vous vanter chacun s'empresse,
> Dans des vers qu'on fait de son mieux ;
> Louer le peintre de la Grèce
> Me semble trop audacieux ;
> De cette Athène qu'on révère,
> Vous seul avez su rapporter
> La lyre d'or du vieil Homère ;
> Donnez-moi la pour vous chanter.. (*Bis*) (1).

Je vous parlerai présentement du ménage Cossé dont les ridicules étaient également hors de ligne.

Il y avait eu par le monde une vieille sœur de la Princesse de Rochefort, qui était Chanoinesse, et qui se faisait appeler la Comtesse Zéphyre de Rothelin je vous dirai sans témérité qu'elle était contrefaite comme un sac de noix. Elle épousa tout d'un trait le Comte de Cossé, qui passait pour un veuf *inconsolable*, et qui du reste, n'était pas moins ridicule et mieux bâti que sa charmante Zéphyre. C'est encore, au moment où je vous écris, un couple suffisant, prétentieux, amoureux, et semillant, passé la soixantaine. Représentez-vous d'abord une petite bossue dont la parure est toujours pimpante, à côté d'un grand bossu, noir et maigre, vide et flasque

---

(1) *Avis de l'Éditeur.* Nous n'avons pu nous décider à retrancher la citation de ces deux morceaux de poésie composés par Mme de Staël, attendu qu'ils n'ont été publiés dans aucune édition de ses œuvres. On pourra vérifier l'exactitude de ces mêmes citations à la page 56 du quatrième volume, et la page 52 du tome cinquième des *Lettres de Grimm*, qui les envoie soigneusement et qui les recommande à ses correspondans couronnés comme s'ils étaient des chefs-d'œuvre d'éloquence et d'élégance françaises.

et qui s'écoute parler du haut du nez. Ils parlent ordinairement tous les deux ensemble, et c'est avec le même son de voix, de ces voix obtuses et maussadement obstruées, comme si l'on était *enrhubé tu cerfeau*. Quand ils ne parlent pas cuisine, assignats ou tiers consolidé, et ceci n'arrive pas souvent, c'est pour se *faire valoir* l'un par l'autre qu'ils vous parlent l'un de l'autre, et c'est pour vous réciter toutes les belles chausses qu'ils se sont tites. Par exemple, Mme de Cossé vous expliquera comment son mari disait un jour à propos de la révolution, que c'était un *orage dévastateur*, et la voilà qui s'extasie d'admiration! Mais pendant ce temps-là, M. de Cossé racontait à son voisin comme quoi Mme la Comtesse Zéphyre d'Orléans-Rothelin avait dit, long-temps avant leur mariage (et long-temps après Voltaire), qu'une *traduction* n'est jamais que *le revers d'une tapisserie :* Il se transporte, il en éclate, il en trépigne, il se pâme! Quand on a le malheur de les avoir à dîner chez soi, ils commencent par regarder sur la table, et se concerter à voix basse avant de s'asseoir, et je vous assure que c'est avec un air affairé, scrutateur et sévère. Ensuite, ils se recommandent ou s'interdisent les plats qui sont à leur portée, en motivant leurs jugemens et se parlant d'un bout de la table à l'autre.

— Mon Dieu! Monsieur de Cossé, ne mangez donc pas du saumon, vous savez bien qu'il ne vous réussit pas!

— Ma toujours bonne, aimable et attentive, lui riposte son bossu, qui lui fait des mines de *fidèle berger*, je vous rends cent mille grâces! et il renonce à manger sa tranche de saumon, qu'il renvoie d'un air de résignation sublime.

— Allez vite me chercher l'assiette de M. de Cossé, dit-elle brusquement à son laquais. — Vous savez bien, lui crie-t-elle de l'autre bout de la table, avec un accent d'effroi courroucé, vous savez bien que le docteur Gastaldi vous a prescrit l'usage des toniques!...... Des toniques, mon ami, des toniques. — Allez reporter cela à M. de Cossé, et elle lui renvoie ce qu'il avait entrepris de manger sans épice; mais c'est après avoir eu la précaution d'y semer une forte pincée de gros poivre.

— On n'a jamais été plus bonne et plus sensiblement soigneuse! Mangez de ces mousserons, Comtesse, lui crie-t-il en jetant sur elle un œil attendri, c'est moi qui vous en prie!.... Ils sont au blond de veau, c'est moi qui vous en réponds! Mangez de ces mousserons, chère et précieuse amie!....

— Qu'est-ce que dit M. de Cossé? demanda-t-elle, attendu qu'elle est très sourde.

— Je ne vous dirai pas, Madame, je n'ai pas entendu....

— Comment n'écoutez-vous pas ce que dit M. de Cossé? reprend-elle avec un ton de reproche et d'aigreur.

Je me souviendrai toujours qu'un soir de carnaval, à souper chez Mme de Guémenée, celle-ci proposa des petits pois à son voisin le Cardinal de Montmorency, Grand-Aumônier de France et grand ami de la bonne chère. — Avec plaisir, dit-il en chaffriolant. On va chercher des petits pois, mais le maître d'hôtel vient dire à la Princesse qu'on les avait placés devant M. le Comte de Cossé, qui n'en a pas laissé du tout. Mme de Guémenée soulève son assiette, et voit sur le menu du souper qu'il devait s'y trouver deux casseroles de petits pois ; le maître d'hôtel recommence sa tournée ; ensuite il revient dire à sa maîtresse que Mme de Cossé a mangé les autres à elle toute seule : de sorte qu'ils avaient englouti pour six cents francs de petits pois, entre eux deux, sans compter les truffes blanches de Turin, dont ils avaient fait, comme on dit, *corbillon-vide* (1).

Une inconcevable folie de ce temps-là, c'était la manière de nourrir ses enfans. D'abord on commençait par les allaiter soi-même ; on n'avait que du mauvais lait à leur donner, et même on n'en avait pas du tout ; mais c'était égal : — à la Jean-Jacques ! Vous pensez bien que tous les enfans de ce temps-là n'étaient pas assez résolument constitués pour résister à une nourriture insuffisante ou de qualité chétive ; il en mourait les deux tiers à la mamelle, et le surplus n'en échappait que pour aller mourir d'étisie après dix-huit ou vingt années de souffrance continuelle et de consomption. Mesdames de Rieux, d'Estaïn, de Lusignan et de Gouffier, s'étaient

---

(1) M. le Comte de Cossé-Brissac, Sénateur de l'Empire et membre de la légion d'honneur, avait fini par être chambellan de Mme Buonaparte la mère, qui ne l'appelait et ne parlait jamais de lui sans estropier son nom. — Canova, disait-il avec un accent d'irritation très divertissant, Canova n'est pas digne du nom d'artiste et de statuaire ! Conova n'est qu'un manœuvre. *Il a vieilli*, MADAME MÈRE ! *il a vieilli*, MADAME !!!

opiniâtrées à nourrir leurs poupons, attendu que le lait et la sollicitude d'une mère ne sauraient être remplacés par le lait et les soins d'une mercenaire, etc. Ce qu'il en est arrivé, c'est que leurs héritiers sont allés *ad patres*, ainsi qu'on aurait dû le pressentir avec de pareilles nourrices. La *sollicitude maternelle* de ces Dames ne s'étant exercée que sur leurs garçons, il ne leur est resté que des filles, et quand M. de Gouffier rencontrait chez moi Jean-Jacques-Rousseau, il ne manquait pas de me dire :
— C'est pourtant grâce à lui que ma maison va se trouver éteinte, vilain songe-creux ! — Mais mon Dieu, Madame, qu'est-ce que c'est donc que la maison de Gouffier, me demanda-t-il ensuite (Jean-Jacques). Avez-vous jamais ouï parler de l'Amiral de Bonnivet ? — Sans aucun doute. — N'avez-vous rien lu sur les Ducs de Roannez ? — Voilà par exemple une famille dont je ne sais rien du tout. — Eh bien, lisez l'Histoire de France avant de faire des livres sur l'éducation. A la place du Marquis de Gouffier, je vous étranglerais !

Une autre imagination folle, où Jean-Jacques Rousseau n'était pour rien, c'était celle d'empêcher les enfans de manger à leur appétit, laquelle sottise avait succédé à celles de Mesdames de Blot, de Monaco, de Valbelle et *tutte quante* lesquelles avaient entrepris de ne pas manger pour leur propre compte. On empêchait donc les pauvres enfans de manger de la bonne soupe et de la viande, à dessein de ne leur introduire dans le sang et les humeurs, aucun élément de putridité. On les privait de manger du fruit à cause des vers ; point de confitures, à cause de la poitrine et de la terreur des acides; jamais d'autre boisson que de l'eau panée; c'est excellent pour les entrailles; et jamais de pâtisseries, ce qui va sans dire, à cause de l'estomac. On les nourrissait à la panade et la bouillie de gruau pour les bons repas, ensuite on leur donnait pour le goûter ainsi qu'au déjeûner, du colifichet emmietté dans du lait écrémé, comme on aurait fait pour élever des serins jaunes à la brochette. Le Marquis de Villeneuve de Trans disait que sa femme avait une perruche à qui l'on donnait bien autrement à manger qu'à ces quatre enfans ! Comme tous les enfans mouraient de faim, ils pleuraient toute la journée. Ils en devenaient voleurs et menteurs: et même il y avait des garçons qui finissaient par se révolter. Les trois Béthune et les Choiseul s'étaient confédérés pour escalader je ne sais combien de murailles afin d'aller dévaster pendant la nuit, l'office et le garde-manger de la Duchesse de Sully, leur grand'mère; mais la situation des petites filles était la plus lamentable, et comme elles n'avaient pas la ressource et l'occasion de pouvoir voler commodément des croûtes de pain, des fruits verts et des carottes crues, les plus alertes et les plus déterminées s'en prenaient à la pâtée du chat.

Le petit de Saint-Mauris et sa sœur qui est aujourd'hui Mme de Nassau (1), n'avaient pas eu la rougeole qui venait d'éclater à Versailles; la Prin-

---

(1) Marie-Maximilienne de Saint-Mauris de Montbarey, mariée en 1779, au Prince Henry de Nassau, Comte de Saarbruck et Saarwerden. S. A. S. est encore vivante. (*Note de l'Éditeur.*)

cesse de Montbarrey s'en tourmentait outre mesure, et je lui fis dire par votre père d'envoyer ses deux enfans chez moi, rue de Grenelle, où je les ferais loger en bonne exposition du plein midi.

On me les amène, et comme ils avaient les lèvres tachées de noir, de vert, de violet, de gros rouge et autres barbouillages incompréhensibles, je m'insinuai dans leur confiance, et j'en appris qu'ils n'avaient fait autre chose que manger depuis Versailles jusqu'à Paris, des pains à cacheter dont ils avaient rempli leurs pochettes. La petite fille disait en pleurant qu'il ne fallait pas les dénoncer, parce qu'on les ferait mourir pour avoir été voler les pains à cacheter du Roi, dans un arrière-cabinet de leur père où les secrétaires de ce Ministre avaient leurs fournitures de bureau.

Ils étaient affamés et maigres comme des chacals :
— Attendez donc, leur dis-je, et je commençai par faire donner à chacun d'eux une pleine jatte de soupe au riz. Ensuite on leur servit, et méthodiquement pendant six semaines, un bon potage à déjeuner, et pour le second repas, des côtelettes grillées ou des pigeons étuvés à l'orge, des légumes au bouillon, de la compote; quelquefois des tartelettes en pâtisserie *brisée*, mais non pas *feuilletée*, ce qui va sans dire. On les faisait goûter avec des fruits, des tartines de confitures, ou du laitage, et leur souper consistait régulièrement dans un beau poulet rôti (dont ils ne mangeaient que les ailes), lequel était flanqué d'un plat de chicorée, d'épinards ou de laitues bien cuites, et lequel était accosté d'un compotier de bons pruneaux d'Agen, aiguisés,

comme on dit à l'office, avec un peu de vin de Malaga, pour les faire dormir. Je les faisais bien laver avec de l'eau de veau, tous les matins, et de la tête aux pieds; on les baignait tous les samedis à la Dauphine (1), et puis tous les quinze jours une excellente petite médecine noire, avec du tamarin bien acide et de la bonne manne en larmes, quelques follicules de séné, un grain de soufre, un bouquet de cerfeuil, une pincée de rhubarbe, un scrupule d'aloès, un soupçon de jalap, enfin de la thériaque de Venise et de l'électuaire de kinorodon, le tout infusé dans de la tisane d'absinthe. Mais il doit vous en souvenir de mes bonnes petites médecines, et je suis sûre que l'eau vous en vient à la bouche? est-il friand !

S'ils avaient trouvé des pains à cacheter dans mes cabinets, ce qui n'était guère possible à cause de mes belles manières, je vous assure qu'ils n'auraient pas eu la tentation de les dérober pour les manger, A la suite de ce régime nouveau pour eux et qui était l'ancien régime pour moi, ils engraissèrent, ils s'égayèrent et s'embellirent; ils devinrent plus doux, plus confians, plus véridiques; et lorsque la Princesse ou le Prince de Montbarrey venaient les voir, ils ne s'y reconnaissaient plus. — Comment, disaient-ils, nos enfans mangent tout ce qu'ils veu-

---

(1) C'est-à-dire dans une décoction de serpolet, de feuilles de laurier, de thym sauvage et de marjolaine, où l'on doit ajouter un peu de sel marin. Fagon prescrivait de faire prendre ces bains froids en hiver et tièdes en été, afin d'établir autant d'accord que possible entre la sensibilité de l'épiderme et la température. (*Note de l'Auteur.*)

lent et n'en sont pas malades? ils sont devenus prodigieusement raisonnables!

Les enfans qu'on fait manger dans leurs chambres et qu'on laisse manger à leur appétit, ne sont jamais gourmands C'est là la moralité de mon historiette.

Si j'avais fini ce long article sans avoir parlé du Marquis de Laval, on pourrait dire qu'il manque quelque chose à ce chapitre de mes souvenirs, et vous pourriez supposer que je ne l'ai pas terminé, consciencieusement. Je vous dirai donc que le Marquis, depuis Duc de Laval, était censé le remplaçant de l'ancien Évêque de Lisieux (M. de Matignon), pour le monopole du ridicule avec privilège. Mais pour mon propre compte et dans l'opinion des personnes d'esprit, il se trouvait entre l'Évêque et le Marquis une différence énorme, attendu que si ce dernier disait quelquefois des choses étranges, il ne faisait jamais de bévues, et des bêtises encore moins. Il a toujours été l'homme du monde le plus honorable pour le caractère, le plus estimé pour le courage, et le plus délicatement sévère en fait de probité. Il a toujours été pleinement et hautement considéré pour sa loyauté politique et sa véracité scrupuleuse ; et du reste, il est tellement obligeant, soigneux et attachant par ses procédés, qu'il a toujours conservé de nombreux amis. C'est un homme d'un sens naturellement droit et si nettement judicieux, qu'il a pour toutes les choses de calcul, et notamment pour les jeux de commerce, une aptitude incomparable. J'ai toujours pensé que toutes les étrangetés qu'on lui prêtait n'étaient pas de son produit; mais comme il a le singulier défaut de ne jamais prendre garde aux mots dont il se sert, il ne m'a jamais paru surprenant qu'il eût dit ce qu'on pourrait appeler sottement *une bêtise*. C'est une sorte d'infirmité qui provient de son indifférence pour les paroles, et qui tient souvent à sa préoccupation d'une chose absente. Il en résulte quelquefois des coq-à-l'âne et des amphigouris dont on l'amène incontinent à se divertir lui-même; mais pour en conclure qu'il est *ejusdem farinæ* que M. de Lisieux, il faut être absolument dépourvu de jugement et d'esprit.

Je ne sais s'il a jamais véritablement parlé d'une lettre *anonyme*, signée par tous les officiers de son régiment, ni des *quatre coins* de la cour ovale de Fontainebleau? Je ne sais s'il a jamais dit en parlant de sa belle-sœur, qu'elle avait des yeux comme *une culotte* de velours noir? (1) mais ce que je sais très bien, c'est qu'il disait quelquefois des choses très fines, et que certains individus s'attachaient particulièrement à les tourner en preuve assurée de son manque de jugement et d'esprit. On aurait dit que les sottes gens s'opiniâtraient à le retenir dans

---

(1) M. le Baron Mounier, membre de la chambre des Pairs, a la charité de montrer à tout le monde une lettre autographe et signée d'un Ambassadeur de France à Vienne dans laquelle on voit la phrase suivante : — « *Je vais mettre les fers au feu* « *pour leur tirer les vers du nez et pour découvrir ce qu'ils* ont dans le ventre.* » Si l'on concluait de cette trilogie de métaphores incohérentes que cet Ambassadeur français était dépourvu d'esprit, de talent et de capacité diplomatique, on aurait grand tort !   (*Note de l'Éditeur.*)

leur catégorie. Je vais vous conter son aventure avec Maréchal-de-Bièvres.

C'était chez Mme de Castellane, au château de Luciennes et tout auprès de Paris. Le seigneur de Bièvres arrive et trouve au milieu de cinq à six personnes, un grand monsieur qu'il ne connaissait pas ; il avait des talons rouges et des plumets blancs ; c'était visiblement un homme de la Cour, et le petit Maréchal à la précaution de se tenir dans la réserve, ainsi qu'il était de convenance et d'usage pour lui. (1)

Voilà que Mme de Castellane se mit à nous parler d'un ajustement nouveau qui s'appelait *à l'innocence reconnue;* lequel ajustement consistait dans une sorte de caraco taillé sur le patron du gros casaquin d'une paysanne de Normandie qu'on avait acquittée trois fois de suite après l'avoir condamnée pour vol domestique. Ce serait une histoire de servante à n'en pas finir.

— *A l'innocence reconnue?* dit le grand monsieur ; j'aimerais mieux qu'on dise *à la servante justifiée....* Et M. de Bièvres eut l'air d'observer que ce grand malicieux s'était souvenu du conte de La Fontaine avec beaucoup d'à-propos.

On dit ensuite qu'il faudrait aller faire une visite à Mme de Lhospital, qui se tenait à Saint-Germain, où elle s'était tout-à-fait retirée.

(1) On avait fini par l'admettre et le recevoir avec plaisir dans le plus grand monde, à raison de sa gentillesse, de ses bonnes manières, et de la mesure parfaite avec laquelle il savait montrer les grâces et la finesse de son esprit. Mme de Lussau l'aimait beaucoup. *(Note de l'Auteur.)*

— *Retirée,* dit le grand Monsieur, vous pouvez bien dire *ratatinée !* Et M. de Bièvres se dit à lui-même, — en voilà un que je n'oublierai pas. — Mais c'est qu'il est très joli le calembourg.....

On amena les enfans de Mme de Castellane qui étaient élevés *à la Jean-Jacques,* et à qui la maman ne manqua pas de faire des mievretés en leur disant force niaiseries, comme de juste ; — Méchant enfant ! qui voulez frapper maman ! bonne maman, qui vous a nourri de son lait, et qui vous a porté dans son sein pendant neuf mois !.....

— *Consécutifs,* ajouta l'inconnu, avec un accent mêlé d'admiration, de reproche et d'attendrissement.

— Ah ça, quel est donc ce grand serpent de Versailles qui fait de si bonnes moqueries et dont personne ne se doute à Paris ? se demanda M. de Bièvres avec un sentiment de rivalité rempli d'alarmes.

Il paraît que le fils aîné des Castellane se trouvait en pénitence ? — J'étais allée pour le consoler ce matin, disait sa mère en commençant le récit d'une aventure assez puérile, *et je passais jusqu'aux lieux où l'on garde mon fils.....*

— Voilà, par ma foi s'écria l'homme aux talons rouges avec un air de surprise et de dénigrement à faire pouffer de rire, — voilà un joli endroit pour élever un enfant !

— Madame, ayez l'extrême bonté de me dire le nom de ce Monsieur qui a tant de finesse et d'à-propos dans l'esprit ? vint me demander le petit de Bièvres. Je lui répondis que c'était le fils aîné du Maréchal de Laval, et j'entendis que Maréchal de Bièvres s'écriait : Par ma foi ! je voudrais bien que les imbéciles de la ville eussent autant d'esprit que les prétendus imbéciles de la Cour ! il paraît qu'on est cruellement exigeant, à Versailles ? on n'est pas aussi difficile à Paris et c'est bien heureux pour moi !...

Je reviens à M. de Laval, et je vous dirai qu'il y avait à Paris une vieille personne appelée la Marquise de Mauconseil, qui était une assez grande Dame poitevine et qui était bien malade. On ne s'en serait certainement pas tourmenté, si sa fille n'avait pas été fort à la mode ; mais comme cette fille, Mme d'Hénin, s'inquiétait assez naturellement pour la santé de sa mère, on se mit à s'émouvoir et s'enthousiasmer d'une si belle sensiblerie pour les inquiétudes de Mme d'Hénin, qu'on ne vous permettait plus de parler d'autre chose, et que tous les amis de Mme d'Hénin n'agissaient absolument qu'en vue de cette maladie-là (1). Afin de ne pas s'éloigner de cette intéressante et précieuse malade, qui avait toujours été d'un caractère assez difficile et d'une humeur assez contrariante, et surtout pour ne pas abandonner Mme sa fille à ses angoisses et ses tranches mortelles, on apprit que Mesdames de Turenne, de Poix, de Tessé, de Lauzun, de Bayes et de Brancas étaient allées s'établir auprès de ladite

---

(1) Étiennette-Cécile de Guynost de Mauconseil, veuve de Charles-Joseph-Alexis de Bossut d'Alsace de Chimay d'Hénin-Liétard, Prince du Saint-Empire. Nommée dame du Palais de la Reine en 1777, morte à Paris en 1816, âgée de 75 ans.

(*Note de l'Éditeur.*)

Mme de Mauconseil, afin d'y veiller à tour de rôle à côté de son lit. Mme de Brancas nourrissait alors sa fille aînée, qui ne s'en trouvait pas trop bien ; et ceci, du reste, était sûrement plus fatigant et plus ennuyeux pour Mme de Brancas, que de passer les nuits à veiller et à causer avec la Princesse d'Hénin, que tout le monde aimait véritablement, et que personne ne voyait suffisamment à cause de son service à Versailles. Elle n'hésita pas (c'est Mme de Brancas dont il s'agit) à sacrifier les obligations de la nature aux devoirs de l'amitié, ce qui fut trouvé sublime ; et les maris, les enfans et les domestiques de ces dames en sont restés pendant plus de six semaines avec la bride sur le cou. Je n'ai pas parlé des amans, parce que les Dames et les maris dont il est question, n'avaient et ne devaient avoir aucune inquiétude semblable. Toutes ces belles Dames étaient campées dans les deux salons qui précédaient la chambre à coucher de Mme de Mauconseil. On avait dressé trois lits à sangles dans chacune de ces pièces ; elles avaient amené de chez elles une demi-douzaine de femmes, qui couchaient dans la seconde antichambre sur des canapés. La première antichambre était occupée par les valets de la maison, qui dormaient sur les banquettes, et la salle d'audience de ces Dames était devenue la salle à manger, où la table restait couverte en permanence. Chacun s'ingéniait pour inventer et leur envoyer des choses exquises : c'était à qui contribuerait à garnir le buffet, et c'était une odeur de comestibles à ne pas tenir dans la maison. On voyait sur tous ces beaux vieux meubles et dans tous les coins de ces grands salons surdorés, des bonnets, des corsets, des paquets, des coffrets, des sachets, des sultans, des flacons, des mantilles, avec des pots de rouge et des pantouffles, et cet encombrement dépenaillé donnait parfaitement l'avant-goût de ces *maisons de ci-devants*, dont on a fait des *maisons d'arrêt* pendant la révolution ; mais c'était à l'exception de l'abondance des vivres, pourtant.

Jusqu'ici tout s'arrangeait pour le mieux. On commençait par faire sa toilette, on entrait et l'on sortait de la chambre de la malade pour y rentrer et pour en ressortir la minute d'après, on allait se promener dans l'appartement, on s'asséyait pour manger ou pour copier les bulletins du docteur, on donnait des audiences à ses parens et ses intimes ; on écrivait force billets surtout, et l'on recevait des réponses toutes remplies d'admiration pour un dévouement si tendre et si généreux qu'il allait devenir un sujet d'orgueil national, aussi bien que l'exemple et l'envie des générations futures ! On était persuadé que les Aristogiton, les Harmodius et les Pylade étaient des Atrides et des cannibales en comparaison des amies de Mme d'Hénin !

Cependant les amies des amies s'ennuyèrent et s'enflammèrent. On avait appris que la Princesse de Turenne se trouvait un peu souffrante, ce qui n'était pas surprenant à cause du défaut d'air et d'exercice. Elle avait des amies intimes à n'en pas finir ; on avait entrepris de l'arracher à ses fonctions d'hospitalière et quand on vit qu'elle y mettait une résistance invincible, on résolut de venir s'adjoindre aux autres récluses, *afin de pouvoir* se trouver à portée de rendre des soins à Mme de Turenne, (Voilà ce que Mme de Trans écrivait à son mari pour le faire patienter). Ce fut une invasion véritable ; mais comme il aurait été cruellement inhumain de vouloir séparer la Duchesse de Lesparre et la Comtesse de Spinola (par exemple) de la Princesse de Turenne, qui ne voulait pas s'éloigner de la Princesse d'Hénin, laquelle ne pouvait pas quitter sa tendre mère, et comme il y eut aussi deux ou trois bonnes amies de Mme de Tessé qui se mirent à s'enthousiasmer et s'inquiéter pour ma charmante nièce, on établit ces douze ou quinze femmes sensibles dans une galerie de tableaux où elles couchaient sur des bergères et des sophas, des coussins, des tapis sur des tables, et toute espèce de choses, excepté des matelas, car elles ne voulaient pas entendre parler de matelas : pour lui mieux démontrer leur oubli d'elles-mêmes, et la sincérité de leur dévouement !

Les parens, les amis, les maris, les valets, et peut-être bien quelques galans (je n'ai répondu que de six personnes), ne manquèrent pas d'affluer dans cette maison dont toutes les portes étaient grand'ouvertes, et où tout ceci formait une cohue nompareille ! on passait les nuits à jouer dans ce long dortoir où les plus belles et les plus grandes Dames étaient rangées sur des malles, des coffres, des tapis roulés, et même sur des meubles de garde-robe recouverts de leurs sarreaux de toile de Perse. On n'avait rien vu jusque-là d'aussi prodigieusement *simple et naturel !* il était de rigueur et d'obligation de ne s'y parler qu'à l'oreille, et c'était un luxe de précautions, car cette même galerie était séparée de la chambre à coucher par cinq ou six grandes pièces, et notamment par la salle à manger où l'on trouvait toujours des gens qui réfectionnaient soit au buffet, soit sur de petites tables, en cotterie si ce n'est en famille, et le plus silencieusement possible. On ne s'y parlait qu'à voix basse et jamais sans nécessité, c'était l'étiquette convenue ; et durant les repas généraux, il y avait une demoiselle de compagnie de Mᵐᵉ de Tessé qui venait faire là lecture de quelque livre moral et attendrissant : c'était, je crois bien, *les délassements de l'homme sensible* ou les *Epreuves du sentiment* de M. d'Arnaud-Baculard? Enfin les personnes les plus considérables ou les plus favorisées jouaient au loto dans la chambre de la malade, et les choses en étaient là pendant notre visite au château de Luciennes.

Mᵐᵉ de Castellane ne manqua pas de me demander si je n'allais pas souvent chez Mᵐᵉ de Mauconseil? — On y va de chez moi, répondis-je, environ tous les huit jours. Je ne la connais guère, et j'ai déjà pris mon parti sur tout ce qui peut résulter de sa maladie.

Grande surprise? et voilà que Mᵐᵉ de Lévis se met à dire à M. de Laval : — Et, vous, Marquis, vous allez sûrement y faire des reversis avec tous vos partenaires habituels?

— Pas du tout. Quand je fais tant que d'aller chez des malades, ce n'est pas pour y jouer aux cartes et pour y manger des foies de lottes. Rien que de voir passer l'apothicaire ou le chirurgien ce serait dans le cas de me faire rendre gorge ou de me faire gorger un Quinola!

On entreprit de le pousser à bout d'argumentations; mais comme il pensait à ce qu'il avait à dire, je ne saurais vous exprimer avec quelle fermeté d'intelligence et quelle solidité d'esprit il déjoua tout ce monde! Il se mit à persifler ces bonnes dames en faisant ressortir la ridicule et choquante affectation de ces momeries sentimentales et de ces dévouemens sans la moindre utilité, si ce n'était de faire proférer certains noms tout d'une haleine avec celui de Mme de Poix, ou celui de Turenne.....

— Dans le fait, ajouta-t-il, celle-ci est une Landgrave de Hesse, elle est cousine-germaine de l'Impératrice, et ceci peut expliquer bien des choses.....

— Il n'entend rien à rien, me dit Mme de Blot avec un air de compassion dédaigneuse.

Il était arrivé, dans l'après-dîner, beaucoup de monde au Château de Luciennes, et quand il fut question de nous en retourner à Paris, il se trouva que le Marquis de Laval était le seul homme de la compagnie qui eût assez d'indépendance dans le caractère, avec un assez grand fonds de jugement et de bon esprit, pour ne pas fléchir et tomber dans une vogue absurde, et pour ne pas vouloir aller souper et faire sa partie chez Mme de Mauconseil.

Elle en *réchappa*, grâce à Dieu! car je ne sais quelle furie d'extravagances on n'aurait pas faite à ses funérailles! On envoya du faubourg Saint-Honoré des charretées de lampions dans le quartier St.-Denys, pour illuminer une vilaine et vieille petite rue qui porte le nom de Mauconseil : on délivra vingt-cinq prisonniers qui devaient des mois de nourrice, et c'était ce qu'on pouvait faire de mieux; enfin, on célébra la guérison de la vieille Marquise et le parfait bonheur de la Princesse sa fille, par une espèce de comédie *champêtre*, où Dugazon et Michut dansèrent des rondes *en sabots* et chantèrent des hymnes *en patois* (1). Tout le monde en pleurait! et lorsqu'elle mourut six mois après, on n'y prit pas garde. Il paraît qu'elle avait cessé d'être à la mode, et l'on n'apprit le retour de sa maladie qu'en recevant son billet d'enterrement.

Retournons au fils du chirurgien Maréchal, qu'on avait fini par appeler sérieusement M. de Bièvres et qu'on avait fini par adopter dans le monde, en dépit de Mme de Montesson et de Mme Necker dont il se moquait à la journée, et peut-être aussi pour faire déplaisir à M. le Duc de Chartres qui ne le pouvait pas souffrir (2).

Quand on avait eu le malheur d'encourir la disgrâce d'un Prince du sang royal, il était d'usage et de précepte rigoureux, dans ce temps-là, qu'il ne fallait jamais rester dans une chambre, dans un cercle, ni même dans une compagnie si nombreuse qu'elle

---

(1) Voyez les détails qui se trouvent rapportés dans la Correspondance de Grimm, vol. III, pages 112 et suivantes.
(*Note de l'Éditeur.*)

(2) Je vous ai déjà fait remarquer autre part que M. de Bièvres n'avait jamais pris volontairement et *sérieusement* la qualification de *Marquis*. Il était devenu seigneur de ce Marquisat ainsi que feu M. Gobelin l'avait été du Marquisat de Brinvilliers. Les petites gens pouvaient s'y tromper dans la rue, mais ceci n'arrivait jamais jusqu'à nos antichambres.

fût; où l'on voyait arriver un pareil antagoniste. On s'esquivait poliment en le voyant paraître; c'était une affaire de convenance; mais voilà ce que M. de Bièvres ne faisait jamais pour le Duc de Chartres, et personne ne l'en désapprouvait. On avait commencé par se libérer de cette sorte d'obligation envers M. le Prince de Conty, parce qu'il se forgeait continuellement des sujets de brouillerie avec tout le monde. Étiez-vous en procès avec la chancellerie de ce Prince, ou vous étiez-vous moqué de Mᵐᵉ la Comtesse de Boufflers? le Comte de Boulainvilliers venait vous faire une salutation profonde, en vous disant: — Monsieur le Marquis, ou Monsieur l'Abbé, j'ai l'honneur de vous prévenir que Son Altesse Sérénissime est ici (1). C'était là formule d'exclusion suivant le protocole usité par ce Capitaine des gardes, et ce fut M. de Craon qui s'en affranchit le premier: il s'était rencontré avec M. le Prince de Conty chez deux personnes dans la même soirée. Il répondit au premier avertissement qu'il en était *bien aise*, et il déguerpit, mais pour éviter la deuxième sommation de M. de Boulainvilliers, il alla lui dire avec un air affairé : — Monsieur, vous me feriez plaisir d'avertir votre Prince que je ne suis plus amoureux de la Vicom-

---

(1) Henri de Boulainvilliers, XIVᵉ du nom, Comte de Saint-Sayre et de Hauroy-sur-Somme. Il ne faut pas le confondre avec M. Bernard de Boulainvilliers, prévost de Paris, dont la mère était l'héritière de la branche aînée de cette ancienne famille, et pour lequel on avait érigé la Châtelainie de Boulainvilliers en Vicomté. (*Note de l'Auteur.*)

tesse de Rouault. C'était le sujet de la colère de Monseigneur; et tout le monde en rit sous cape.

M. de Bièvres était donc en disgrâce complète auprès du duc de Chartres qui ne pouvait l'envisager de sang-froid, ce que l'autre affrontait sans la plus légère émotion et sans autrement s'embarrasser de ses airs d'hostilité ni de ses dénigremens. — Comme il est désagréable et ginguet! je le trouve laid! mais c'est qu'il est véritablement laid! murmurait le Duc de Chartres en rougissant de colère. Aucun des siens, et si plat valet qu'il fût, n'aurait osé faire sa partie dans cette manière d'imprécation ridiculement sotte, car celui dont il parlait en ces termes était visiblement de la plus jolie taille, la plus agréable figure et la plus charmante physionomie du monde. C'était le visage régulier d'un jeune grec sous un minois français, avec des vivacités contenues, de curieux sourires et des regards discrets qui disaient tout: il avait une tournure élégante, avec des mouvemens légers et souples; enfin, c'était la bonne grâce de France et de Paris personnifiée. Il n'est pas difficile de trouver des plus beaux hommes que les Français, mais rien n'était si joli qu'un jeune Parisien de ce temps-là.

Celui-ci disait avec un air de modestie respectueuse : — Si j'étais aussi laid que le dit M. le Duc de Chartres, il ne m'en voudrait peut-être pas autant.....

Il avait fait en quatre ou cinq pages d'écriture une plaisanterie qui ne fit aucun plaisir au Duc de Chartres et qui réussit à merveille dans la société de Paris. Comme on n'osa pas l'imprimer pour la débiter sous le manteau, je vais la faire copier.

DIVERTISSEMENT A LA MODE.

« Moi, je suis gai ! je suis gai comme un pinson ! vous n'avez pas d'idée comme je suis gai ? J'aime à rire, à jouer des tours, à faire des farces, et c'est vous dire assez que je suis le meilleur homme de la terre. j'ai fait bâtir un pavillon, j'ai fait dessiner et planter un jardin superbe à Mousseaux; j'y donne des fêtes, ah quelles fêtes ! c'est pour en mourir de rire......, ah ! ah ! ah ! ah !..... Imaginez que j'avais fait prier à dîner un jeune vicaire de St-Philippe-du-Roule, et que nous étions servis à table.... ah ! ah ! ah ! ah ! servis à table par des négresses.... ah ! ah ! ah ! ah ! par des négresses toutes nues...... ah ! la rate ! ah !.... c'est pour en mourir de rire ! ce garçon-là n'osait pas lever les yeux, il ne voulait pas manger, mais nous l'avons fait boire.... — ah ! sacristie ! sacristie !.. disait-il en pleurant... C'était à se tenir les côtes ! vous pensez bien qu'il est allé s'en plaindre et que nous avons soutenu qu'il était un menteur, un imposteur ! et ce qu'il y a de plus charmant, c'est qu'on l'a mis en pénitence dans un séminaire, pour lui apprendre à calomnier un prince ! un prince qui donne sa parole d'honneur ! un prince enfin, qui avait eu la bonté de lui donner à dîner dans son pavillon de Mousseaux !!! Il en a pour six mois de prison, et j'en rirai jusqu'à la fin de mes jours ! Ensuite il faut vous dire que je donne des billets pour se promener dans mon parc à des gens que je ne veux pas prier à dîner, car vous vous doutez bien qu'on ne peut pas donner à dîner à tout le monde? mais vous allez voir que ceci n'est pas le moins divertissant. Il y a d'abord des piéges (on dit que c'est pour prendre des loups, jugez un peu, des loups à Mousseaux! faut-il que les Parisiens soient bêtes pour avaler des pilules comme celles-là, sans les mâcher)! Il y a donc des piéges tendus contre les loups et les voleurs...... Ah! oui, des voleurs, je t'en souhaite! Allez vous promener de ce côté là pour voir les sottes bourgeoises et ces bénets de maris que nous y faisons conduire comme si de rien n'était, et qui s'y prennent les jambes! et qui font des cris, et qui saignent..... Mais c'est qu'ils saignent d'une manière inconcevable! et vous jugez comme c'est amusant de les entendre crier en les voyant saigner? Ensuite nous avons notre grotte où l'on est saisi par les bras et par les jambes en s'asseyant, et quand c'est des femmes? et quand nous sommes cachés dans la grotte où nous fermons la porte? ah! mais c'est qu'il faut voir les méchancetés infernales et les indignités que nous leur faisons!.... Enfin je vais vous dire encore autre chose, et voilà ce qui m'amuse le plus. Nous avons un pont... ah! ah! ah! ah!.. Il y passait hier un marchand de la rue Grenier-St-Lazare... avec sa femme... ah! ah! ah!... avec sa fille et puis un enfant de quatre ou cinq ans.... ah! ah! ah! ah! (voilà le point-de-côté qui me reprend).... Je ne sais pas si je pourrai vous dire..... ah! ah! ah! ah! ah! ah!..... ah! ah!.... ah! si vous aviez vu tout cela se débattant dans la rivière...... Je les ai fait repêcher pourtant. Le père avait la jambe cassée..... et la jeune fille donc ! Ah ! la jeune fille, quand nous l'avons retirée par les jambes avec ses jupons par dessus la tête..... et qu'elle criait comme une orfraye, et qu'elle s'est mise à dire que son pierrot de taffetas rose était abîmé ! non jamais ! jamais je n'ai tant ri de ma vie ! La mère était comme une momie toute couverte de vase, et l'enfant, ma foi, j'en suis bien fâché, mais l'enfant était tombé sous les autres à ce qu'il paraît ; il n'avait pas eu la force de se débattre, et on n'y pensait pas du tout, quand le père et la mère que j'avais fait mettre sur une charrette pour les renvoyer chez eux, se sont mis à crier : — Le petit ! — et le petit ! — Ah oui, où est donc le petit ? a dit la jolie fille, qui s'est mise ensuite à nous dire des sottises en nous reprochant les rires que nous faisions...... — Voyez un peu cette petite salope à qui nous avons dit : — Mademoiselle, nous ne pouvons pas nous empêcher de rire parce que vous avez..... ah ! ah ! ah ! ah ! ah ! parce que vous avez quelque chose..... parce que vous avez quelque chose d'extraordinaire..... parce que vous avez quelque chose d'extraordinaire entre les hanches... Ensuite il a fallu prendre son sérieux. On leur a dit qu'on était bien désespéré de leur accident, mais que c'était de leur faute ; mais la vérité que je vous dirai, c'est que c'est un pont à bascule, et tout aussitôt qu'on y met les pieds, patatras ! Ensuite on leur a pêché ce crapaud d'enfant qui avait la tête en bringues et l'estomac défoncé. Il paraît que son père et sa mère avait marché dessus. Nous avons fait semblant d'en pleurer ; mais quand ils ont été partis sur la charrette, ah! tonnerre de Dieu! peut-on rire comme ça! C'est pour en mourir! on en crève. »

Le petit de Bièvres était de la première force au jeu d'échecs. M. d'Angivillers se trouvait obligé d'en convenir, et Maréchal allait deux fois par semaine à Versailles afin d'y faire la partie de M. le Surintendant. Votre père m'a conté qu'il y jouait une certaine fois (le jeune de Bièvres) de toute sa force, mais que le vieux d'Angivillers n'en avait pas moins l'avantage sur lui. On entendit annoncer coup sur coup, dans le même salon de la surintendance, M. le Comte d'Estaing, M. le Vicomte de Melun, M. le Marquis de Nesle et M. le Baron de Montmorency. Il y avait peu de monde; et comme ces quatre personnages étaient brouillés à couteaux tirés, ils ne restèrent pas plus de cinq à six minutes en regard les uns des autres. Ceci ne manqua pas de fournir sujet à Mme la Comtesse d'Angivillers pour en disserter ; et comme elle avait l'habitude de citer, incessamment, elle entreprit d'appliquer à la quadruple inopportunité de cette rencontre fortuite un ou deux vers de M. de Voltaire, dont il ne lui fut jamais possible de se rappeler la fin.

« Je combattais, Seigneur, avec Montmorency,
D'Estain, Melun, de Nesle..... »

Et chacun, répétait continuellement, sans rien trouver, *d'Estain, Melun, de Nesle.....*
— *Et ce fameux coup-ci!* poursuivit M. de Bièvres en appliquant son cavalier pour amener échec au roi; ce qui lui ramena la partie tout-à-fait déses-

pérée, et ce qui terminait justement la citation de ces vers de Zaïre que tout le monde cherchait, et dont le dernier hémistiche était *ce fameux Coucy!*

Ce fut, on est obligé de l'avouer, un heureux et curieux *Calembourg.* C'est ainsi qu'on s'obstinait à nommer ces sortes de jeux de mots (1).

(1) Toutes les plaisanteries de M. Maréchal de Bièvres n'étaient pas d'aussi bon goût ; je me rappelle en avoir entendu conter une ou deux que je n'ai pas enregistrées et dont je n'aurais pas dû garder le souvenir ; mais le ridicule y domine tellement sur le reste, que j'en prends mon parti. Je les mettrai seulement à part des autres, en brebis galeuses et hors de l'étable.

On n'avait pu s'empêcher d'entendre parler d'un certain M. Dumoncel, habile ingénieur et gros mangeur, qui ne se retenait et ne se refusait à rien pour se procurer toute sorte de soulagement. Il avait fait grand bruit et s'était fait chasser du parterre de l'Opéra, parce qu'il était sourd, et tant il était malpropre. — Mais, Monsieur, fut lui dire ce drôle de garçon, à propos de ce qu'il venait d'entendre en marchant derrière lui sur le Pont Royal, mais, monsieur l'ingénieur des ponts et chaussées (c'était avec un ton de reproche), à quoi servent donc les parapets ?.....

L'autre historiette consiste en ce qu'il avait composé la musique et les paroles d'un trio chromatique qu'on devait exécuter chez une précieuse de Genève, appelée Mme Sismondi. Il y avait dans cette cantate des vers d'opéra tels que ceux-ci, par exemple :

« As-tu pu trahir tes sermens ?
« Ah ! je sens palpiter mon cœur !
« Ah ! vous empoisonnez ma vie !

Et ceci n'était ni moins lyrique, ni plus mauvais que toute autre chose qui ne vaudrait pas mieux ; mais il se trouva qu'il avait ajusté tout cela de manière à ce qu'on fût obligé de chanter par intonations entrecoupées. — As-tu pu..... Ah ! je sens..... Ah ! vous empoisonnez !..... etc.

Jugez du trouble et de la confusion qui s'ensuivit chez Mme Sismondi la pédante, et pour le jour de sa fête, en présence de Mme Necker ? L'irritation patriotique des Genevoises en fut à son comble, et l'on disait que si M. de Bièvres avait eu la fantaisie d'aller à Genève, on aurait pu lui faire un mauvais parti.

C'est qu'elles ne plaisantent pas, les personnes de Genève ! On sait que M. de Voltaire avait appelé Genève *une république qui s'agite auprès de mes terres,* et ce qu'il en est résulté, c'est qu'il n'y a eu ni Genevois ni Genevoise qui ait voulu prendre part à cette souscription ouverte par les Necker, afin de lui ériger une statue ! On est allé jusqu'à dire que Mme Necker en avait été blâmée très-ouvertement   (*Note de l'Auteur.*)

AVIS DE L'ÉDITEUR

On a pensé que la reproduction de la pièce suivante, qui se rapporte à Messieurs de Cubières et de Villette, se trouverait mieux à sa place à la fin de ce volume, que parmi les autres pièces justificatives.

Lettre écrite de Provence à MM. les auteurs des *Actes des Apôtres*, en 1791.

(*Opuscule du marquis de Cubières.*)

« Je vous prie, Messieurs, puisque vous voulez bien être mes correspondants à Paris, de vouloir me dire quel est un M. Villette qui s'est attaché depuis quelque temps à la rédaction de la *Chronique nationale*? Serait-ce par hasard Monsieur le Marquis de Villette, Amphitryon du grand Voltaire et l'aimable déserteur de l'ancien *Journal de Paris*? Alors c'est que la révolution, en changeant ses habitudes, lui aura fait abréger sa signature, et je n'aurais jamais cru qu'un personnage tel que M. le M¹ˢ de Villette pût être ce qui s'appelle *diminué*.

« Si c'est en effet M. le Marquis de Villette que la révolution aura jeté du *Journal de Paris* dans la *Chronique nationale*, je prendrai, Messieurs, la liberté de lui faire observer, comme bourgeois de cette ville, que je ne le trouve pas moins déplacé dans notre état qu'il était intrus dans la situation qu'il vient d'abdiquer. Tel est le sort d'un anobli, lequel est toujours également étranger aux gentilshommes et aux bourgeois, et qui par conséquent doit passer toute sa vie dans les limbes de la société.

« Monsieur le Marquis de Villette n'a pu devenir tout-à-coup M. Villette impunément; je ne le souffrirai pas! Quoi donc! il aurait été bourgeois-gentilhomme pendant la première moitié de sa vie, et il serait gentilhomme-bourgeois pendant la dernière! ce serait réunir trop d'avantages à la fois, et ce serait une accumulation de priviléges tout-à-fait scandaleuse. Il ne lui manquerait plus que de devenir la coqueluche de toutes les femmes après avoir été..... D'ailleurs, Messieurs, quand on fait des sacrifices à la démocratie, il faut les faire en monnaie de bon aloi, et le sacrifice du marquisat de M. Villette est par trop *billet de caisse*. Je ne connais que M. Mathieu de Montmorency qui puisse se vanter d'avoir sacrifié quelque chose en renonçant à sa noblesse; car vous savez sûrement que ce bon jeune homme ne veut plus être qu'un *Mathieu* tout court, en sa qualité d'Apôtre de l'abbé Sieyes et d'Évangéliste de la révolution. Parlez-moi de cette abnégation-là !

« Je sais bien que depuis quelque temps plusieurs gentilshommes qui se croient gens de lettres ont *démocratisé* leurs noms pour se rajeunir et recouvrer leur innocence littéraire. Ils ont dépouillé un nom chargé de mauvaises œuvres et tout couvert des iniquités de leur jeunesse, avec la prudence du serpent qui change de peau. Par exemple, Monsieur le Chevalier de Cubières de Palmézeaux (1) a trouvé moyen de tirer un fort bon parti de la révolution qui généralement n'est guère profitable aux officiers de nos Princesses. Il vient de publier un ouvrage sous le nom de *Michel Cubières*. Le voilà tout nouveau venu dans la république des lettres, le voilà reblanchi, regratté, mis à neuf ; il peut renier l'ancien Chevalier, son homonyme, il peut s'en moquer même, et ceci prouverait combien la révolution française aurait agi profitablement sur son bon esprit et son bon goût. Enfin, si *Michel Cubières* écrit jamais quelque chose de passable, on ne croira jamais que ce soit le même homme.

« Mais aucun de ces Messieurs n'a pu renouveler son baptême avec autant d'éclat que Monsieur le Marquis de Villette. Ils rentrent dans le monde comme ils étaient venus pour la première fois, c'est-à-dire à petit bruit et modestement, et tout ce qu'ils espèrent, c'est de profiter de leur expérience des choses et des muses, en prenant mieux leurs mesures en vers comme en prose

---

(1) Frère de l'auteur de cet article.

Mais la *Chronique nationale* s'expose à devenir scandaleuse en se chargeant des gaietés de feu M. le Marquis de Villette, sans compter qu'elle ne reçoit de lui que les plaisanteries bien usées sur la vanité de M. le Maréchal de Mouchy. Je veux bien dire *plaisanteries*, parce qu'il y a dans un certain monde une certaine quantité de personnes qui vivent aux dépens de ce Maréchal, et qui ne passent pour avoir de l'esprit que parce qu'il avait des ridicules. Il était pourtant bien à propos d'en finir avec les ridicules du Maréchal de Mouchy, dont nous sommes prodigieusement rassasiés. Quant à l'idée de lui faire porter son nom écrit sur ses talons rouges en forme d'exergue, je dis qu'une telle plaisanterie n'annonce pas beaucoup d'esprit, d'abord parce que M. le Marquis de Villette s'était avisé de porter des talons rouges en 1779, ce qui ne lui réussit pas agréablement, comme chacun sait; ensuite parce qu'il n'est ni vrai ni vraisemblable qu'un homme, fût-ce le Comte de Tuffière, s'avisât d'un pareil moyen qui le rendrait ridicule en pure perte pour sa vanité. Quel est l'homme dont on va regarder les talons rouges, à moins qu'il ne soit pas en droit de les porter? Quand le cheval dit au loup dans Lafontaine :

« Lisez mon nom écrit autour de ma semelle, »

c'est qu'il a dessein de lui lâcher une ruade et de lui casser la mâchoire; mais le Maréchal de Mouchy n'a jamais tendu ce piége à personne; il a toujours passé pour respecter les *mâchoires*, et je n'ai jamais entendu dire qu'il ait donné de coups de pied à qui que ce soit, pas même à M. de Villette, à qui je m'en rapporte volontiers pour cette expérience-là.....

« Le Marquis de Villette a très-mal passé la première moitié de sa vie : les gens de qualité se sont moqués de sa noblesse, et les gens de lettres de son esprit ; je conçois donc que M. le Marquis les ait pris en haine. Il lui plaît aujourd'hui de rétrograder vers son origine et de marcher à reculons du côté de son berceau ; mais il dépend de nous d'éventer sa politique ; et voilà ce qui ne manquera pas d'arriver.

« Vous me feriez plaisir aussi d'avertir la *Chronique nationale* de ne pas tant féliciter la garde citoyenne sur le peu d'*assassinats* commis pendant cet hiver, ainsi que sur le *petit nombre d'accidents* endurés par les piétons, à moins que ce journal et M. Villette ne veuillent rendre grâce à M. Lafayette du peu de neige qui est tombé jusqu'ici et de la beauté du temps qu'il fait encore, après l'été de la Saint-Martin. Il est question d'un âne qui était resté parfaitement sage pendant plus de mille ans, parce qu'il n'avait pas rencontré d'ânesse. Je conseille à la *Chronique nationale* d'imiter cette logique, et de convenir que, si l'on n'est pas en risque d'être écrasé dans les rues de Paris, c'est qu'il n'y a plus de voitures, et que si l'on n'est pas en danger d'être égorgé *dans les rues*, s'entend, je ne parle pas de l'Hôtel-de-Ville et des prisons de Paris, c'est qu'il s'y trouve un peu plus de sentinelles que de passants. Paris ressemble assez bien à un collége où il y aurait plus de professeurs que d'écoliers.

« *P.-S.* Dites-moi donc, Messieurs, s'il est vrai que feu M. le Marquis de Villette n'ait aucun rapport de parenté avec le sieur Retaud de Villette, qui s'est trouvé compromis par Mme la Motte à propos de son vol du collier? »

FIN DU SIXIÈME VOLUME

TABLE

DES MATIÈRES CONTENUES DANS CE SIXIÈME VOLUME.

Pages

Chapitre I. Arrivée de Voltaire à Paris. — Son séjour chez M. de Villette. — Sa maladie. — Son couronnement au Théâtre-Français. — Sa profession de foi catholique. — Sa confession. — Sa correspondance avec le curé de St.-Sulpice. — Son hypocrisie, sa mort et ses funérailles. — Lettre de l'Impératrice Catherine à Mme Denys. — Mot d'une jeune personne sur les rois philosophes. — Histoire de la princesse Charlotte, femme du Czar Alexis. — Sa mort supposée. — Son évasion de Russie. — Sa fuite en Amérique. — Croyance de son retour et de sa mort à Paris. — Autorités et témoignages en faveur de cette opinion. — Note composée par l'Impératrice Catherine pour la démentir. — Critique de cette note. — Documents qui la contredisent. — Incertitude. 1

Chap. II. Jean-Jacques Rousseau à Ermenonville. — Le Marquis de Girardin. — Cause de l'inimitié que lui portait M. de Créquy. — Lettre de J.-J. à Mme de Créquy. — Réponse de l'auteur. — Le châtelet de Jossigny. — Disposition religieuse de Rousseau. — Sa mort. — Ses confessions et leurs variantes. — Le tombeau de Jean-Jacques et son inscription. — Épigramme du Marquis de Créquy. — La curée du cerf, anecdote racontée par Louis XVIII.

Chap. III. Histoire du philosophe Paul Olavidez. — Roman de sa vie par Cagliostro. — Les négocians espagnols. — Singulier procès entre deux maisons de commerce. — L'Infante Ouraque de Castille. — Le Comte d'Aranda.

TABLE DES MATIÈRES.

Maxime de ce diplomate. — Générosité d'un stathouder. — La vérité sur l'inquisition. — Ses poursuites contre le Comte d'Olavidez. — Sentence de ce tribunal. — Condamnation par le Saint-Office et liste de ses familiers. — Le Cardinal de Brienne. — **Les reliques en bracelet à la mode d'Espagne.** 60

Chap. IV. Adrienne de Noailles, Comtesse de Tessé. — Son genre d'esprit. — Inconvéniens de son caractère. — Marie de Brancas, Comtesse de Rochefort et depuis Duchesse de Nivernais. — Son éloquence naturelle. — Son parallèle avec Mme de Tessé, par M. de Vaines. — Le soufflet de Mme de Forcalquier. — Le chevalier de Pougens. — Son origine présumée. — Engouement épidémique. — Étymologies curieuses. — Digression sur les bâtards. — Priviléges des bâtards issus des Princes. — Des économistes politiques. — M. Turgot. — Noblesse de sa naissance et simplicité de ses habitudes. — Lettre de M. de Maurepas et réponse de M. Turgot. — Le Vicomte de Choiseul. — Lettre pseudonyme écrite par lui. — Le fils de l'auteur est mis à la Bastille. — Exil du Vicomte de Choiseul. 80

Chap. V. Le Duc de Chartres. — Mot sanglant qui lui est adressé par M. de Lamothe-Piquet. — Son infâme conduite à l'égard de sa mère et de sa sœur. — L'Abbé Delille. — Engagement pris par Mme de Créquy à son sujet. — Le Comte d'Estaing et le Comte de Grasse. — Injustice de l'opinion publique à l'égard de ce dernier. — Portrait de l'Abbé Delille. — Les bénéfices et l'Académie française. — Bonté de M. le Comte d'Artois pour l'Abbé Delille. — Projet de Monsieur, frère du Roi, sur le duché de Créquy. — Prérogative de cette terre. — Le Comte de Bonneval. — Son caractère et son apostasie. — Sa mort. — Audience et interrogatoire à l'Assemblée nationale. — Mot de l'Abbé Delille au citoyen Lamourette. — Son refus de composer un hymne républicain. — Prétexte allégué pour son émigration. — Le reliquaire

Chap. VI. Desrues et son procès. — Querelles sur la musique. — Les Lullistes et les Ramistes. — Les Gluckistes et les Piccinistes. — Le Marquis de Jaucourt, surnommé *Clair-de-Lune.* — Remarque sur les sobriquets. — Aventure de M. de Jaucourt avec le Chevalier Gluck, et l'opinion qu'il avait des musiciens. — Système de *l'ordre profond* et de *l'ordre mince*. — Folies scientifiques. — M. Sage et son système de résurrection par l'emploi des alcalis. — M. Dufour et sa liqueur d'absynthe. — M. Mesmer et son système de guérison par l'influence des planètes. — Le magnétisme animal. — Le général Lafayette disciple de Mesmer. — Le baquet magnétique. — Procédés du mesmérisme et son système. — Négociation de Mesmer avec le gouvernement français. — Son départ et souscription qu'on ouvre à son profit. — Les adeptes. — M. de Puységur, M. Bergasse et M. Servan. — Le Marquis et la Marquise Lecamus. — Le docteur Deslon. — Sa mort. — Les cataleptiques. — Mme de Bourgneuf. — La pensionnaire de Montmartre. — Système actuel du magnétisme et du somnambulisme. 111

Chap. VII. Voyage du Marquis de Créquy en Italie. — Vengeance du Chevalier Acton contre lui. — Dépêche diplomatique à ce sujet. — Scrupule de conscience. — Lettre de l'auteur au Cardinal de Bernis. — Affaire du Marquis de Créquy contre le Duc de Chartres (Égalité). — Duel du Prince de Condé avec M. d'Agoult. — Couplets de M. de Champcenets et opinion du Prince de Lambesc sur le Duc de Chartres. — Indisposition mentale et révélation pénible. 139

Chap. VIII. Légères contestations dans la famille royale. — La Reine et Madame. — Mot de M. le Comte d'Artois à ses deux belles-sœurs. — Explication de la Reine

avec Monsieur. — Réplique de ce prince et embarras de
la Reine.—Les enfants d'Orléans.—Le Duc de Valois, sa
sœur et ses frères. — Leur éducation par M. Bonnard.
— Leur éducation par Mme de Genlis. — Plaisanteries
de Monsieur sur cette éducation. — Marque du jugement précoce de Louis-Philippe, alors duc de Valois.—
La désapprobation qu'il fait d'un acte de l'Évangile. —
Révélation de sa gouvernante au sujet de son caractère.
—Son talent chirurgical et résultat d'une saignée qu'il
avait opérée sur deux paysans.— Talent de Louis-Philippe
pour la poésie *française*.—Remerciment poétique de sa
composition (il est en vers celui-ci). 150

Chap. IX. Fortune du Prince de Guémenée. — Son désastre.—Insouciance de la haute noblesse et son inaptitude pour la régie des fortunes. — Billet écrit par la
Princesse d'Hénin. — Réponse de l'auteur. — Expérience acquise en émigration. — Noble conduite de
Mme de Guémenée. — Sacrifice de ses biens pour les
créanciers de son mari.—Mot de la Comtesse de Béthisy
au Baron de Staël. — Mot de Mme de Coislin sur les
Rohan. — Quelle sorte de vengeance on en tire. 160

Chap. X. Scandales contemporains. — Beaumarchais. —
Jugement de l'auteur sur cet écrivain. — Les *tant pis*
et les *tant mieux!* (l'auteur attribue cette diatribe à
l'abbé Morellet). — Mot de Louis XVIII sur Beaumarchais.—Tanneguy du Châtel et ses descendans. — Mirabeau et sa famille.—Son pamphlet contre le Garde-des-
Sceaux. —Lettre du chevalier d'Éon à M. de Maurepas.
—Épigramme de ce ministre au lieu de réponse. — Remarque de Tronchin sur l'organisation des *rieurs* et sur
les effets du *rire*. 170

Chap. XI. Inquiétudes sur les dispositions de la magistra-
ture. — MM. d'Esprémesnil, Sabatier de Câbre et de
Brunville. — Réquisitoire de ce dernier. —L'évêque de
Carpentras et ses prévisions. — Défaveur du Baron de

Breteuil auprès de Mme de Créquy. — Circulaire de ce ministre aux Évêques de France. — Persiflage de l'auteur à ce sujet.—L'abbaye de Saint-Maur et l'abbaye de Longchamps. — Origine de la coutume qui s'y rapporte. — Mme de Sainte-Aulaire et les Comtes Potoski. — Les financiers à Longchamps.—Le Marquis de Sainte-Aulaire en ambassade. — Le carrosse de Mlle Duthé.—Description de cette voiture. — Empoisonnement de cette demoiselle au Fort-l'Évêque, et réflexions de l'auteur sur cette exécution. 184

Chap. XII. Lacune au sujet du procès pour le collier. — Explication qu'on en donne au lecteur. — Lettre inédite de l'abbé Georgel à l'occasion de ce procès. 202

Chap. XIII. M. de Monthion. — Ses manies académiques. — Ses générosités à l'égard des inconnus et sa dureté pour ses proches.—Remarque de M. Royer-Collard sur les prix Monthion. — Prévision de Cazotte et chanson séditieuse. — Remarque de l'auteur sur deux chansons prophétiques parallèles contemporains avec certains ridicules.—Ridicules antérieurs.—Les modes de la régence et celles de 1788. — Étranges coiffures de Mmes de Luynes, de Laval et de Matignon. — Dondon-Picot et l'amour du simple.—La princesse de Broglie et Mme de Clermont-Tonnerre. — Nouvelle manière de procéder à table.—La famille du Marquis de Villiers. — Le chant du rossignol et M. Dupont (de Nemours). — Poésies de Mme de Staël. — La famille de Cossé. — Plusieurs anecdotes.—L'usage de faire pâtir les enfans. — Les bains à la *Dauphine* et les médecines noires. — Les enfans du Prince de Montbarrey. — Leur régime à Versailles et leur guérison chez l'auteur.—Le Marquis de Laval et ses bons mots. — Le jardin de M. Mousseaux. — M. de Bièvres et ses calembourgs. — Anecdotes. 208

Opuscules du Marquis de Cubières 254

FIN DE LA TABLE DU SIXIÈME VOLUME.

www.ingramcontent.com/pod-product-compliance
Lightning Source LLC
Chambersburg PA
CBHW060228190426
43200CB00040B/1674